Helga Anton

Beten wirkt Wunder

*Erfahrungen einer
hauptberuflichen Beterin*

Brunnen Verlag · Basel und Gießen

ABCteam-Bücher erscheinen in folgenden Verlagen:

Aussaat Verlag Neukirchen-Vluyn
R. Brockhaus Verlag Wuppertal
Brunnen Verlag Basel und Gießen
Christliches Verlagshaus Stuttgart
Oncken Verlag Wuppertal und Kassel

Die Bibelzitate sind, sofern nicht anders angegeben,
der revidierten Lutherübersetzung entnommen.

Die Deutsche Bibliothek – CIP-Einheitsaufnahme

Anton, Helga:
Beten wirkt Wunder : Erfahrungen einer hauptberuf-
lichen Beterin / Helga Anton. - Basel ; Gießen :
Brunnen-Verl., 1999
(ABC-Team)
ISBN 3-7655-3623-7

---

8. Auflage 2006
© 1999 by Brunnen Verlag Basel
Umschlag: Michael Basler, Lörrach
Foto: Image Bank, Berlin
Satz: Uhl + Massopust, Aalen
Druck: Ebner & Spiegel, Ulm
Printed in Germany

ISBN 3-7655-3623-7

Inhalt

«Ihr Beruf, bitte!»	7
Anfänge	13
Lektionen	19
Neue Gebetsanliegen	31
Zwischen Finsternis und Licht	39
Bete und gehorche	53
Im Glauben wachsen	61
Aus den Fesseln der Vergangenheit	71
Nicht alle unsere Wünsche, aber alle seine Verheißungen	85
Gottes Macht und die Mächte	97
Streiflichter	113
Nachwort	135

«Ihr Beruf, bitte!»

«Ach du liebe Zeit, ich habe meinen Ausweis vergessen!»

Das war eine schöne Bescherung. Es ist nun schon manches Jahr her, aber ich erinnere mich noch gut daran: Mein Sohn wollte heiraten, wir waren alle im Standesamt versammelt, da stellten wir plötzlich mit Entsetzen fest, daß die Trauzeugin meiner Schwiegertochter ohne Personalausweis erschienen war.

«Wer von euch hat einen Ausweis mit?» fragte mein Sohn aufgeregt.

Eifriges Suchen – betretenes Schweigen.

«Mutti, hast du...?»

Ja, Mutter hatte. Also wurde ich Trauzeugin. Wir gaben unsere Papiere bei der Standesbeamtin ab und wurden namentlich aufgerufen.

«Helga Anton?»

«Ja, das bin ich.»

«Ihr Beruf, bitte?»

Ich wollte nicht groß Aufsehen erregen und antwortete: «Ich bin bei einer Missionsstation angestellt.»

«Als was, bitte?»

«Als Beterin.»

Jetzt war's raus. Stille bei der ganzen Gesellschaft; atemlose Stille.

«Beterin? Was ist das?»

Von Beruf Beterin – daß mein Leben jemals eine solche Wende nehmen würde, hätte ich mir nie träumen lassen. Ich habe Musik studiert, bin Geigerin. Als mein Mann nicht aus dem Krieg zurückkam, war ich dankbar, daß ich einen Beruf hatte, der mich erfüllte und mit dem ich mich finanziell über Wasser halten konnte. Mein Leben bestand aus Unterrichten und Konzerten. Allerdings war es schwierig, mir eine wirklich gesicherte Existenz aufzubauen, zumal ich für meinen kleinen Sohn zu sorgen hatte. Da gab es immer wieder Höhen, aber auch Tiefen.

Jedesmal, wenn ich in einem tiefen Loch steckte, rief ich meine Nichte an – die einzig Gläubige in unserer Familie. Die riet mir, die Bibel zu lesen.

Treu und brav kam ich ihrer Bitte nach. Ich fing vorne bei 1. Mose an, so wie man ein Buch zu lesen pflegt. Beim dritten, vierten Mal waren die Geschichten mir schon so vertraut, daß sie mir nichts mehr sagten und ich mich langweilte. Also legte ich die Bibel wieder zur Seite.

Im Alter von vierundfünfzig Jahren geriet ich in eine Situation, aus der es nach menschlichem Ermessen keinen Ausweg mehr gab. Da kam meine Nichte zu mir und sagte: «Weißt du, helfen kann ich dir auch nicht; aber ich kann für dich beten.»

Dann legte sie im Gebet all meine Sünde und Schuld, meine Schwierigkeiten und die ganze verfahrene Situation Jesus hin. Da vollzog sich bei mir ein merkwürdiger Prozeß: Das Problem blieb zwar, aber die Last schien plötzlich leichter, als sei sie auf mehr Schultern verteilt.

Meine Nichte ließ mir ein Neues Testament in

heutigem Deutsch da und sagte: «Lies jeden Tag darin und bete!»

Ich befolgte ihren Rat, und nun spürte ich, wie sich mir plötzlich das Wort auftat; ich merkte, wie Gott dadurch zu mir redete und was er mir sagen wollte.

Sechs Wochen später wusch ich am Himmelfahrtstag morgens meine Gardinen. Ich mußte jeden freien Tag nutzen, das war für mich als berufstätige Frau damals selbstverständlich. Da hörte ich die Glocken der nahen Kirche, und eine Stimme sagte mir: «Du solltest zum Gottesdienst gehen!»

Sofort widersprach eine andere Stimme: «Nein, du mußt doch Gardinen waschen!»

Wieder meldete sich die erste: «Du solltest zum Abendmahl gehen!»

«Nein!» war sofort die zweite wieder da. «Du kannst ja gar nicht gehen.» (Ich hatte eine schlimme Verletzung am Bein.)

So ging es hin und her, bis ich Wäsche Wäsche sein ließ und so, wie ich war, in meinem «Waschkleid», zur Kirche humpelte. Ich traf ein, als die Gemeinde gerade das Lied vor der Predigt sang.

Es war ein Gastprediger da, und jedes seiner Worte traf mich ins Herz. Ich hatte das Empfinden, alles, was er sagte, sei allein für mich bestimmt. Er sprach von dem, was Jesus für uns – für mich – getan hatte, erzählte von seinem Tod und seiner Auferstehung und von seinem Geschenk des ewigen Lebens.

Ich ging zum Abendmahl, und dann widmete ich mich zu Hause wieder meinen Pflichten.

Als ich nachmittags Geige übte, durchfuhr mich

urplötzlich ein Gedanke wie ein elektrischer Schlag: «Dir sind deine Sünden vergeben.»

Da konnte ich nur mein Instrument beiseite legen, Jesus danken und ihn bitten: «Herr, komm du jetzt in mein Leben! Sei mein Retter und Herr, ich brauche dich!»

Nach diesem Herrschaftswechsel war ich begierig, mehr von Jesus zu erfahren und tiefer in seine Wahrheit einzudringen.

So ging ich (hier im norddeutschen Itzehoe) in einen Bibelkreis und übernahm bald gemeinsam mit einer Mitbeterin einen Dienst in einem Altenheim. Dort sangen wir jede Woche mit den alten Leuten, beteten mit ihnen und erklärten ihnen den Heilsweg mit Jesus. An vielen Krankenbetten durften wir tröstend beten, und ich bin unendlich dankbar, daß während dieser Zeit noch etliche betagte Menschen Jesus als ihren Erlöser und Herrn angenommen haben.

Zehn Jahre lang taten wir diesen Dienst. In dieser Zeit fuhr ich sechsmal in den Sommerferien in die Bibelschule Beatenberg in der Schweiz, um zu lernen. Ich hatte einen unbändigen Durst nach Gottes Wort und wollte ihn, meinen Herrn, immer besser kennenlernen.

Ich fing an, in Itzehoe eine Gebetsarbeit aufzubauen; dabei konnten wir nur staunen über die Wunder, die Gott tat. Ich selbst wurde vom Krebs geheilt; anderseits hat Gott zugelassen, daß das Sehzentrum meiner Augen inzwischen völlig zerstört ist (Macula Degeneration), mir aber gleichzeitig die große Gnade erwiesen, daß ich aus den Augenwinkeln noch Umrisse und Menschen erkennen kann. Dazu hat Gott mir ein so phänomenales Gedächtnis gegeben, daß ich mit Hilfe von Diktiergerät und Kassetten arbeiten kann und ihm und meinen Mitmenschen in meinem neuen Beruf – in der Gebetsarbeit, in der Seelsorge und bei Seminaren – mit großer Freude dienen darf.

Für diese Führung, diese Wende in meinem Leben, danke ich dem Herrn. Dankbar bin ich auch etlichen Ärzten für ihre Hilfe und die gute Zusammenarbeit. Seitdem lebe ich aus der tiefen persönlichen Beziehung zu Jesus Christus. Und dieses Buch soll allein ihn ehren. Es soll etwas sein zum Lob seines Namens und zur Verherrlichung unseres großen Gottes.

Anfänge

Eines Tages nahm mich unser Pastor zur Seite und sagte: «Frau Albers ist krank; sie möchte, daß wir für sie beten. Kommen Sie doch bitte mit!»

«Ich?» wehrte ich ab. «Aber das kann ich doch gar nicht!»

«Da haben Sie recht», stimmte er mir zu. «Ich kann es auch nicht; aber es steht in der Schrift. Es ist Gottes Wille, also müssen wir es tun.»

Das war der Beginn eines ganz neuen Weges, den Gott mir zeigte. Ich hatte oft die Bibelstelle gelesen: «Heilt die Kranken in der Stadt» (Lukas 10,9; Hoffnung für alle).*

«Aber langsam!» dachte ich. «So war es *damals*! Die Jünger, die hatten Vollmacht. Aber ich? Heute?» Nein, das konnte nicht sein.

Doch wenn es Gottes Wille war, mußte ich den Schritt in diese Richtung tun. Zwei-, dreimal beteten wir noch zusammen, dann überließ der Pastor mir diesen Dienst, und ich mußte Beter suchen und sie in die Arbeit einbeziehen.

War das eine Freude, Gottes Wirken zu erleben. Und dann stellte unser Herr mir die Bibelstelle Lukas 2,36–38 vor Augen, in der von der Prophetin Hanna die Rede ist. Was war das für eine Frau,

---

* Natürlich haben nicht wir selbst irgendeine heilende Kraft. Nur Gott kann heilen – aber uns will er an diesem Werk beteiligen, indem wir für die Kranken beten. Darum ist dieser Vers eine Aufforderung an uns, für die Kranken zu beten.

diese Hanna! Sie faszinierte mich, ließ mich nicht mehr los. Was wird über sie gesagt?

«Sie diente Gott mit Fasten und Beten Tag und Nacht.»

Diese Frau faszinierte mich, und ich fragte mich, wie wohl ihr Dienst aussah.

Wenn jemand mit tiefem Leid im Herzen zu ihr kam, nahm sie sich seiner an, fragte nicht nach Zeit und Stunde, sondern war bedingungslos für ihn da. Wer traurig war, den betete sie in die Liebe Gottes hinein und tröstete ihn.

Hanna weinte mit den Weinenden, trug mit an ihrem Leid, betete mit den Kranken, so daß sie Gottes Hilfe erfuhren und sein Eingreifen erlebten.

Sie betete mit denen, die mit Sorgen beladen zu ihr kamen, und bezeugte ihnen den Gott, auf den wir alle unsere Sorgen werfen dürfen und der für uns sorgt (siehe 1. Petrus 5,7).

Was für eine Botschaft!

Die Hilfesuchenden begriffen, daß sie alles loslassen konnten, ihr Leid, ihre Belastungen, weil Gott ihnen tragen helfen wollte.

Hanna brachte ihnen Gottes rettende Botschaft nahe, so daß sie wieder aufgerichtet wurden und neue Kraft empfingen.

Was für ein Dienst – was für eine Frau!

Sie war einfach da, wenn Hilfe gebraucht wurde, Tag und Nacht.

Diese Frau ließ mich nicht mehr los. Und das Erstaunliche war: Sie beschäftigte auch unseren Pastor. Eines Morgens rief er mich an und fragte: «Frau Anton, wollen Sie unsere Hanna werden?»

Ich konnte nur bewegt antworten: «Ich könnte mir vorstellen, daß das Gottes Auftrag für mich ist, sein Weg mit mir.»

Darauf der Pastor: «Dann wollen wir es prüfen.»

Doch wie prüft man eine Berufung?

1. *Im Gebet*
Die Aufgaben, die mir der Pastor nannte, empfand ich gar nicht als mühsam:

Ob ich wohl stundenlang allein in der Kirche beten könnte?

Ob Gebetsnächte mich ermüdeten oder mit Freude erfüllten?

Ob ich bereit sei, mit anderen zu beten, wenn sie Hilfe brauchten?

Das alles war für mich selbstverständlich.

2. *Prüfung anhand der Heiligen Schrift*
Das war bereits geschehen. Die Hanna in Lukas 2,36–38 war ja der Auslöser für diesen Prozeß.

3. *Beurteilung durch Mitchristen*
Wir fragten, ob auch andere gläubige Christen der Meinung seien, daß dies mein Dienst sei. Das wurde bestätigt.

4. *Freude am Dienst*
Ohne Freude am Gebet braucht man gar nicht erst mit einem solchen Gebetsdienst anzufangen. Ja, es ist eine Freude, mit Gott in Verbindung zu treten. Was ist das für ein Geschenk, was für eine Gnade, die er uns damit erweist!

Kennen Sie übrigens die wichtigste Telefonnummer? 5015! Gemeint ist Psalm 50,15: «Rufe mich an in der Not, so will ich dich erretten, und du sollst mich preisen»! Gott hat immer Zeit für uns. Er hört uns immer zu. Da ist kein «Anrufbeantworter» eingeschaltet; Gott persönlich ist da. Er will rettend eingreifen.

5. *Segen im Dienst*
Daß unser Dienst Frucht bringt, haben wir erlebt.

Drei Monate Prüfungszeit hatte unser Pastor mir gegeben. Nach zwei Monaten meinte er: «Wir brauchen nicht mehr zu prüfen. Wollen Sie unsere ‹Hanna› sein? Wollen Sie hauptamtlich den Gebetsdienst übernehmen?»

Ich wußte: Es ist Gottes Weg mit mir. Gott hatte diesen Dienst schon so sehr gesegnet. Ich sollte sein Werkzeug sein. So konnte ich mit ganz großer Freude «ja» sagen.

Das hieß allerdings für mich, meinen Beruf als Geigerin aufzugeben. Ich hatte Musik studiert und mein Leben lang Geigenunterricht und Konzerte gegeben. Alle Leute hatten mir gesagt: «Du kannst unterrichten, bis du achtzig bist.»

Nun mußte ich meinen Schülern sagen, daß sie sich nach einem anderen Lehrer umsehen sollten. Sie waren recht traurig; aber ich war gewiß: Gott hatte etwas viel Schöneres für mich bereit. Und wirklich: Mein jetziger Dienst ist der faszinierendste, interessanteste, aufregendste Beruf, den ich mir denken kann.

Lektionen

Auch unser Pastor nahm meinen Gebetsdienst natürlich gern in Anspruch, ist er doch selbst ein Beter und weiß um die Macht des Gebets.

Wenn er schwierige Gespräche oder Sitzungen vor sich hatte, bat er mich um Gebetsunterstützung, und ich war natürlich immer gern bereit, Gott um Hilfe bei seinen Aufgaben zu bitten. Aber ich mußte auch erst meine Erfahrungen sammeln und bin immer noch dabei, Gottes Lektionen zu lernen.

So bat mich der Pastor einmal ganz zu Anfang meines Dienstes: «Bitte, Frau Anton, begleiten Sie mich morgen im Gebet. Um elf Uhr habe ich eine schwierige, außerordentliche Sitzung und brauche die Führung des Heiligen Geistes, damit nur Gottes Wille geschieht.»

Gern war ich dazu bereit und fand mich um elf Uhr zum Gebet in der Kirche ein. Alles legte ich in Gottes Hände, und um zwölf Uhr meinte ich: So, jetzt habe ich genug gebetet. – Und damit ging ich nach Hause.

Am Nachmittag traf ich unseren Pastor und fragte ihn: «Nun, wie ist es gelaufen?»

«Oh», sagte er, «die erste Stunde war wunderbar, aber dann, nach zwölf, da ging's los. Da wurde es kritisch.»

Mir war ganz elend zumute, als ich das hörte. Da konnte ich nur Buße tun und Jesus um Vergebung bitten, daß ich so leichtfertig meinen Dienst beendet und gemeint hatte, es sei genug gebetet worden. Ich schämte mich sehr. Und ich zog daraus die Lehre, daß ich nicht zu beten aufhöre, bevor das Gespräch bzw. die Sitzung zum Abschluß gekommen ist.

Ja, das war ein Start mit Hindernissen. Danach erlebten wir allerdings wunderbare Dinge.

Wenn unser Pastor zum Beispiel Gespräche weit außerhalb unserer Stadt hatte, begleitete ich ihn zeitgleich im Gebet hier zu Hause. Oft spürte ich, wann das Gespräch eine Wende nahm und ein Friede und ein Im-Einklang-mit-Gott-Sein sich auf mich übertrugen. So konnte ich Jesus schon in diesem Augenblick für sein Eingreifen danken. Wir konnten immer wieder nur staunen über die Gegenwart Jesu und seine Führung.

Ich preise den Herrn, der mich in diesen Beruf geführt hat, einen Beruf, der mich ganz ausfüllt. Er umfaßt wirklich alle Bereiche meines Lebens und ist mit nichts anderem zu vergleichen!

Er stand an der Kirchentür und stützte sich mühsam auf zwei Krücken. Seine Knie trugen ihn kaum noch, und schwerfällig zog er seine Füße hinter sich her – ein Bild des Jammers!

Ich schätzte ihn auf Anfang zwanzig, und er erzählte seine Geschichte:

Kein Arzt konnte ihm helfen. Er war in den verschiedensten Kliniken gewesen, in Niedersachsen und zuletzt in Köln. Überall hatte er den Bescheid erhalten: «Wir können Ihnen nicht helfen. Damit müssen Sie leben.»

Anfang Februar 1992 hatte er noch einmal eine orthopädische Klinik in Hamburg aufgesucht. Die Ärzte waren voller Mitleid und wollten noch eine Operation versuchen. Sie blätterten in ihrem Terminkalender und stellten fest, der nächste freie Termin sei Mitte Mai. «Mitte Mai! Nein, das ist viel zu spät. Wir müssen versuchen, Sie dazwischenzuschieben. Sagen wir am 13. März.»

Damit entließen sie ihn, und er kam zu uns, damit wir für ihn beteten.

Wir riefen Jesus an und baten ihn: «Herr, mach doch seine Gelenke wieder geschmeidig, stärke seine Muskulatur und seine Bänder, straffe seine Sehnen, damit sie wieder einsatzfähig werden! Bitte greif ein und heile ihn! Nimm ihm seine Ängste, Herr, und befreie ihn auch von den Komplexen, die er aufgrund seiner Behinderung entwickelt hat. Mach ihn ganz gesund, körperlich und seelisch!»

Nur Gott konnte in dieser erbarmungswürdigen Situation noch helfen, und wir dankten ihm schon jetzt für das, was immer er tun würde.

Eine Woche später besuchte der Kranke seinen Freund, der zehn Minuten von ihm entfernt wohnte. Seine Krücken hatte er beiseite gelegt. Er war nur noch auf einen Stock angewiesen.

Der Freund konnte es nicht fassen. «Was ist denn mit dir geschehen? Wo sind denn deine Krücken?»

«Für mich ist gebetet worden.»

Noch zweimal kam er zu uns und ließ uns für ihn beten. Wir erlebten, wie Jesus seine Muskeln stärkte, wie seine Gelenke wieder kräftig, Bänder und Sehnen wieder funktionstüchtig wurden.

Zwischendurch besuchte er seine Eltern – ohne Stock, so sicher fühlte er sich auf den Beinen!

Am Ende jenes Monats feierten wir einen Gottesdienst, in dem wir Zeugnis ablegen durften von dem, was Gott an uns getan hatte. Da kam dieser junge Mann mit beschwingten Schritten durch den Mittelgang nach vorne zum Altar und berichtete von seiner Heilung. Voller Freude erzählte er, was Jesus für ihn vollbracht hatte. Alle, die bei diesem Gottesdienst dabei waren, waren von Dankbarkeit und Jubel über das Eingreifen unseres großen Herrn erfüllt. So wohl fühlte sich der noch vor kurzem dermaßen Behinderte, daß er anschließend mit seiner Verlobten zum Tanz ging.

Es kam der 13. März, an dem er sich in der orthopädischen Klinik in Hamburg einfinden mußte. Die Ärzte ließen sich die Röntgenaufnahmen bringen, untersuchten ihn und sagten kopfschüttelnd: «Aber nein, das ist doch nicht das Krankenbild. Was haben Sie gemacht?»

«Für mich ist gebetet worden.»

Da holten sie den Professor. Der erschien mit seinem ganzen Ärzteteam, untersuchte die Knie und staunte: «Wir brauchen Ihnen nicht mehr zu helfen. Sie sind ganz gesund. An Ihnen ist ein wirkliches Wunder geschehen.»

Er ist heute noch gesund.

So groß ist unser Herr!

Das Leben wurde ungeheuer spannend. Ich hatte einen enormen Hunger, mehr von Gott zu erfahren, tiefer in sein Wort und seine Wahrheit einzudringen, in seine Schule zu gehen und mehr von ihm zu lernen.

So fuhr ich sechs Jahre hintereinander in den Sommerferien in die bereits erwähnte Bibelschule in der Schweiz. Ich brannte darauf, mehr und tiefer in Jesus hineinzuwachsen. Vormittags nahm ich an den Bibelstunden teil; an den Nachmittagen hatten wir reichlich Gelegenheit, uns zu entspannen und die wunderschöne Umgebung zu genießen. Abends gab es Lektionen von Gastreferenten, oder Missionare erzählten von ihren Einsätzen und ihrem Dienst in fernen Ländern. Am frühen Morgen, vor dem Frühstück, fand jeweils eine Gebetsgemeinschaft statt, an der ich mich natürlich gern beteiligte.

Im Sommer 1982 betete ich in dieser Gebetsrunde für eine Frau, die in meiner Heimat, in Itzehoe, schwer an Krebs erkrankt war. Anschließend kam eine Teilnehmerin auf mich zu und sagte: «Frau Anton, dort bei Ihnen in Norddeutschland kenne ich einen gläubigen Arzt, der besondere Erfolge auf dem Gebiet der Krebstherapie hat.»

Ich war natürlich hellauf begeistert und erbat die Adresse. Diese brachte ich nach meiner Heimkehr freudestrahlend der Kranken. Doch jedesmal, wenn ich sie fragte, ob sie den Arzt schon angerufen hätte, verneinte sie. Sie hatte schon so viel versucht, nun war sie ganz mutlos geworden und fürchtete sich vor einer neuen Enttäuschung.

Endlich überwand sie sich und rief den Arzt an; doch er fuhr am nächsten Tag für sechs Wochen in den Urlaub. Als er zurückkehrte, war sie schon gestorben – zu spät!

Aber damit war die Geschichte noch nicht zu

Ende. Merkwürdigerweise behielt ich diese Adresse in meiner Brieftasche. Sooft ich sie beim Aufräumen wegwerfen wollte, schien mich irgend etwas davon abzuhalten. Es war, als müßte ich sie aufbewahren.

Im Herbst 1984 bekam ich selbst Krebs, und da fiel es mir wie Schuppen von den Augen: Die Adresse war für mich bestimmt! Jesus hatte schon damals gewußt, daß ich Krebs bekommen würde, denn vor ihm ist ja alles offenbar, die ganze Vergangenheit, die Gegenwart und die Zukunft. Er hatte dafür gesorgt, daß ich die Adresse in die Hand bekam, davon war ich felsenfest überzeugt. Was war das für eine Erkenntnis!

Als mir an einem Dienstag mittag im Oktober die Diagnose «Krebs» eröffnet wurde, konnte ich dem Arzt ganz ruhig sagen: «Wissen Sie, ich bin in der Hand Jesu. Mir geschieht nichts, was er nicht zuläßt.»

Daraufhin ging der Arzt still aus dem Zimmer, und die Schwester sagte nur: «Frau Anton, wenn Sie so an die Sache herangehen, werden Sie auch schnell damit fertig.»

Der Krebs hatte allerdings schon ein fortgeschrittenes Stadium erreicht, und eigentlich wollte ich am Freitag mit unserem Orchester nach London reisen. Davon aber wollte der Professor nichts wissen. «Kommt überhaupt nicht in Frage. Sie werden noch diese Woche operiert. Wie lange brauchen Sie, um Ihre privaten Dinge zu ordnen?»

Bis zum Donnerstag vormittag gab er mir Zeit; dann hatte ich zur Operation in der Klinik zu erscheinen.

Eineinhalb Tage – wie nutzt man diese Zeit, wenn man nicht weiß, wie es weitergeht? Ich kümmerte mich um meine «privaten Dinge», vergewisserte mich, daß mein Testament in Ordnung und am rechten Ort war, daß die Rechnungen bezahlt und die Korrespondenz erledigt war.

Und dann nahm ich noch Verbindung mit dem gläubigen Arzt auf, dessen Adresse ich seit zweieinhalb Jahren in meiner Brieftasche aufbewahrt hatte. Er wohnte 125 Kilometer von meinem Wohnort entfernt, war aber bereit, nach der Operation zusammen mit meiner Hausärztin meine weitere Behandlung zu übernehmen. Ich war überwältigt von Gottes Plan.

Am Abend, bevor ich ins Krankenhaus ging, fand bei uns in der Hauptkirche eine Evangelisation statt. Meine Freundin, eine Pianistin, war für das musikalische Rahmenprogramm verantwortlich und fragte mich: «Wollen wir noch einmal gemeinsam musizieren?» – Voller Freude sagte ich: «Ja, genau das brauche ich jetzt. Ich möchte noch einmal Gott zu Ehren geigen. Ich möchte ihm noch einmal mit meinem Instrument für alles danken, was er an mir getan hat, ich möchte ihn noch einmal loben für das reiche Leben, das er mir geschenkt hat.»

So musizierten wir zusammen, und nur wenige Eingeweihte wußten, wie es um mich bestellt war und was mich am nächsten Tag erwartete. Anschließend an diese Veranstaltung trafen wir uns bei mir zu Hause zu einer Gebetsgemeinschaft und legten alles, was kommen würde, in Gottes Hand. Wir beteten für den operierenden Arzt, den

Anästhesisten, alle an dem Eingriff Beteiligten und natürlich auch für mich.

Ich fühlte mich ganz in Gottes Frieden geborgen, wußte ich doch: Jesus geht mit.

Die Operation verlief glatt, es stellten sich keine Komplikationen ein. Es wurde sehr viel für mich gebetet, und ich war dankbar, daß Jesus mich durch die schwere Zeit hindurchtrug.

Einen Tiefpunkt erlebte ich allerdings am 24. Oktober. Ich mußte eine so unangenehme, schmerzhafte Untersuchung über mich ergehen lassen, daß ich nur noch zu Jesus schreien konnte. Als ich danach die Bibel aufschlug, stieß ich auf Psalm 145,18: «Der Herr ist nahe allen, die ihn anrufen, allen, die ihn ernstlich anrufen.» Ja, das hatte ich eben erlebt. Dankbar schrieb ich das Datum neben den Vers in meiner Bibel.

Nach meiner Entlassung aus dem Krankenhaus unterzog ich mich der Nachsorge, weil Jesus mir dies als richtigen Weg gezeigt hatte. Er hat mich erstaunlich schnell geheilt, so daß ich freudig sein Wirken bezeugen konnte. Ich konnte meinen Dienst wieder aufnehmen. Das Datum aber, der 24. Oktober, sollte auf den Tag genau zwölf Jahre später für mich eine besondere Bedeutung haben:

Den ganzen Sommer 1996 über ging mir immer wieder Jesaja 38 durch den Kopf, das Kapitel, in dem der judäische König Hiskia von Gott gesagt bekommt: «Bestelle dein Haus!»

«Bestelle dein Haus? Herr, was willst du mir damit sagen?»

Ich wußte es nicht, aber ich wollte Gott gehorsam sein, und so begann ich, sämtliche Räume meines Hauses, einschließlich Boden und Keller, aus- und aufzuräumen. Diese Arbeit zog sich bis zum Herbst hin. Schon wollte ich erleichtert aufatmen, da entdeckte ich – am 24. Oktober, genau auf den Tag zwölf Jahre später – die Zeichen eines erneuten Tumors, und ich war ganz sicher: Es ist Krebs. «Bestelle dein Haus» – wieder stand mir König Hiskia vor Augen. Ihm schenkte Gott fünfzehn Jahre, und mir ging auf, daß Gott mir zwölf Jahre, reiche, erfüllte Jahre, geschenkt hatte. Plötzlich wurde ich von einem tiefen Frieden erfüllt, wurde mir doch neu bewußt, wie sehr Gott mein ganzes Leben in seiner Hand hatte. Ich hatte keine Angst, sondern wußte mich in Jesus geborgen und wurde von vielen Gebeten durch die Operation hindurch begleitet. In überschwenglichem Maße erfuhr ich die Gegenwart Jesu, seine Kraft und Heilung. Ich bin dankbar, daß ich das Wirken unseres Herrn weiterhin bezeugen und ihm weiter dienen kann.

Anfang Mai kam Frau J. «ins Gebet» (so nennen wir das, wenn Leute in die Gebetsgruppe in unserer Kirche kommen und uns bitten, mit ihnen und für sie zu beten) und erzählte ihre Geschichte.

Sie litt unter einem bösartigen Gehirntumor und war schon in etlichen Kliniken gewesen. Aber niemand hatte einen Eingriff gewagt, weil der Tumor an einer so unglücklichen Stelle wucherte (er umschloß den Sehnerv). Jetzt kam sie von einer Untersuchung in Köln, wo man ihr eine Frist von vier Wochen gesetzt hatte, um sich zu entscheiden, ob sie sich operieren lassen wolle oder nicht. Man hatte ihr klar gesagt, daß sie zwischen zwei Möglichkeiten wählen müsse: Ließ sie sich operieren, würde sie blind werden, lehnte sie die Operation ab, würde der Tumor weiter wachsen, und ein späterer Eingriff wäre ausgeschlossen. Welch ein Dilemma! Mit dieser Diagnose und Prognose kam sie ins Gebet.

Die ganze linke Kopfhälfte war taub, die arme Frau litt unter starken Sehstörungen und hatte auch noch fünf bis sechs Mal am Tag Bewußtseinsstörungen.

Wir flehten Jesus an einzugreifen. Wir baten ihn, den Tumor abzukapseln. Gott allein schaut ja in das Verborgene, er kennt alle Umstände und Zusammenhänge. Er allein konnte den Tumor an der Weiterentwicklung hindern, konnte ihm die Lebensmöglichkeiten nehmen. Wir baten den Herrn, die Sehstörung zu beheben, die Sehnerven zu heilen, das ganze Gehirn wieder zu durchbluten, damit die Bewußtseinsstörungen aufhören würden.

Jede Woche kam Frau J. ins Gebet. Nach einigen Wochen berichtete sie, die Bewußtseinsstörungen träten seltener auf, und sie litte auch nicht mehr so stark unter Sehstörungen. Wir beteten weiter. Nach mehreren Wochen waren die Sehstörungen behoben, und es gab schon Tage, an denen überhaupt keine Bewußtseinsstörungen mehr auftraten. Nach einiger Zeit begann die Taubheit im Kopf zu weichen, Frau J. spürte ein Kribbeln in der linken Kopfhälfte. Dann, inzwischen waren weitere Wochen vergangen, wurden die Abstände zwischen den Bewußtseinsstörungen immer größer, manchmal war sie eine volle Woche beschwerdefrei. Das Kribbeln in der linken Kopfhälfte wich heftigen Schmerzen. So ging es viele Wochen lang. Im Herbst traten Bewußtseinsstörungen nur noch im Abstand von etwa sechs Wochen auf, die rasenden Schmerzen ließen allmählich nach. Im Dezember war die nächste Kernspinuntersuchung. Dabei stellte sich heraus, daß der Tumor völlig abgekapselt war und sich nicht weiterentwickelt hatte. Die Sehkraft war wieder völlig normal!

Wir konnten über dieses Wunder nur in tiefer Dankbarkeit staunen. Und weil sie so die Macht und Größe unseres Herrn erfahren hatte, wollte Frau J. ihn gerne besser kennenlernen und kam in den Glaubenskurs in unserer Kirche.

Genau das ist unser Auftrag. Wir sollen die Botschaft von Gottes rettender und heilender Macht zu denen hinaustragen, die Jesus noch nicht persönlich kennen. Jesus hat gesagt: «Trachtet zuerst nach dem Reich Gottes und nach seiner Gerechtigkeit, so wird euch das alles zufallen» (Matthäus 6,33). Das ist seine Verheißung und unser Dienst.

Neue Gebetsanliegen

Eines Nachts wachte ich auf und hörte eine Stimme sagen: «Bete für die Ungläubigen!»

«Für die Ungläubigen? Herr, wen meinst du damit?» Mir wurde bald klar, daß Gott mir die ungläubigen Ehepartner unserer Gemeindemitglieder aufs Herz legte. Ich setzte mich sofort mit einer Hauskreisleiterin zusammen, und wir stellten eine Liste auf, für wen wir beten sollten. Das Erstaunliche geschah: Schon nach kurzer Zeit fanden fünf dieser Umbeteten zu Jesus. War das eine Freude – nicht zuletzt für die gläubigen Partner!

Ein Beispiel will ich erzählen:

Jesus? Nein, den brauche er nicht, und mit dem frommen Kram wolle er nichts zu tun haben; er wisse auch so, wie er sein Leben gestalten wolle, fand der Ehemann einer Glaubensschwester aus einem unserer Hauskreise.

Lange beteten wir für den Mann. Wir baten Jesus, ihm das Herz zu öffnen und ihn aufnahmebereit zu machen für die rettende Botschaft des Evangeliums. Doch nichts geschah.

Dann mußte sich seine gläubige Frau einer Knieoperation unterziehen. Lange humpelte sie an Krücken herum. Es war für sie zu mühsam, zu den Hauskreisabenden zu kommen, also besuchte ich sie oft, um ihr von den Treffen zu erzählen, auf ihre Glaubensfragen einzugehen, mit ihr zu beten und sie zu stärken. Meistens saß ihr schon lange pensionierter Mann dabei und hörte zu. Eines Tages – wir hatten lange über Glaubensfragen gesprochen – schaute er mich schmunzelnd an und meinte: «Frau Anton, ich durchschaue ihre Absicht; aber bei mir haben Sie keinen Erfolg.» Nein, mit Jesus wollte er absolut nichts zu tun haben.

Ein halbes Jahr später erlitt der Mann einen Schlaganfall. Er war rechtsseitig gelähmt, und sein Sprachzentrum war mitbetroffen, so daß er nicht mehr reden konnte. Er wurde sofort in die Universitätsklinik in Hamburg eingeliefert, wo ihn seine Frau – sie war inzwischen wieder gesund – täglich besuchte. Sein Zustand war sehr bedrohlich, und ich sagte seiner Frau: «Du mußt ihm das Evangelium bringen, und zwar jetzt!»

«Nein», erwiderte sie, «das kann ich nicht.»

«Doch, du mußt! Es geht um Leben und Tod!»

«Ich kann es trotzdem nicht.»

Sobald der Mann transportfähig war, wurde er nach Itzehoe verlegt. Da ich ihn von meinen Besuchen bei seiner Frau her kannte, beschloß ich, ihn im Krankenhaus aufzusuchen.

Es war der Pfingstsonnabend. Als ich das Krankenzimmer betrat, waren bereits mehrere Besucher um sein Bett versammelt. Es wurde munter über ihn hinweg geredet; er selbst war in einem so bedauernswerten Zustand, daß es mir das Herz abschnürte. Da lag der hochintelligente Mann, ein Ästhet, wie er im Buche steht, wie ein Häufchen Elend völlig gelähmt und hilflos zwischen den schwatzenden Leuten. Ich war erschüttert. Auf dem Heimweg wurde mir klar: Ich muß ihm das Evangelium bringen. Jetzt bin ich gefordert.

Ich suchte eine unserer Segnungsgruppen auf und bat sie um Gebetsunterstützung: «Ich werde am Montag um halb vier ins Krankenhaus gehen. Laßt uns Jesus bitten: ‹Herr, richte es so ein, daß keine anderen Besucher da sind und daß keine Krankenschwestern uns stören. Laß den Patienten bitte aufnahmebereit sein, und leite du das Gespräch durch deinen Heiligen Geist.›»

Ich wußte, daß ich aus eigener Kraft nichts ausrichten konnte.

Am Nachmittag des Pfingstmontags ging ich also wieder ins Krankenhaus und fand alles so vor, wie wir es von Gott erbeten hatten. Niemand war da, und der Patient war hellwach. Ich fing an, ihm von der Liebe Gottes zu erzählen. Ich bezeugte ihm, daß Gott nicht will, daß auch nur ein Mensch verlorengeht. Das ganze Evangelium verkündigte ich ihm: Daß Jesus in diese Welt gekommen ist und sich für uns geopfert hat. Daß er allein uns von Sünde und Schuld befreien kann. Daß er nicht im Tod geblieben ist, sondern auferstanden ist und lebt. Daß er denen, die ihn lieben, zugesagt hat: «Ich lebe, und ihr sollt auch leben» (Johannes 14,19).

Diese Botschaft sprach ich in seine Augen hinein, und dann merkte ich, wie sie immer leuchtender und heller wurden. Der Patient wurde ganz ruhig und war dabei doch ganz wach und aufnahmebereit. «Jesus ist auch für Sie gestorben und will auch Ihnen das ewige Leben schenken. Wollen Sie Jesus als Ihren Retter und Herrn annehmen?» fragte ich ihn. Trotz seiner Lähmung brachte er mühsam ein «Ja» zustande. Ich betete für ihn ein Lebensübergabegebet. Nur den einen Satz konnte ich nicht an seiner Stelle sagen, den mußte er selbst sprechen: «Herr Jesus, komm du jetzt als mein Herr in mein Leben!»

Unter großer Anstrengung stammelte er diese Worte, und dabei liefen ihm und mir Tränen die Wangen hinunter. Wir waren beide zutiefst bewegt, und ich durfte ihn segnen und ihm zusagen: «Sie sind jetzt Gottes Kind. Sie sind errettet. Der Tod kann Sie nicht mehr schrecken – Jesus hat Ihnen das neue Leben geschenkt, das ewig Bestand hat.»

Dann betete ich noch für ihn, daß Jesus seine Zunge lösen und ihm die Sprache zurückgeben möge. Jesus allein konnte die Lähmung wegnehmen; er konnte die Muskeln und Sehnen dieses Mannes stärken, damit er seine Gelenke wieder gebrauchen konnte. Jesus konnte den Mann wieder ganz heilen, daran zweifelte ich nicht. So segnete ich ihn, und er lag da in tiefem Frieden.

Kaum hatte ich «Amen» gesagt, ging die Tür auf und die Schwester kam herein, um ihn zu versorgen. Ich konnte mich wieder einmal nur wundern über Gottes Timing und die Art, wie er Gebet erhört.

Tatsächlich ging dann erstaunlich schnell die Heilung voran. Nach kurzer Zeit konnte der Mann im Rollstuhl umhergefahren werden, bald ging er an Krücken herum und schließlich nur noch an einem Stock. Er konnte sich frei bewegen. Auch sprechen konnte er bald wieder ohne alle Schwierigkeiten. Keine Behinderung blieb, so wunderbar wirkte Jesus!

Als er wieder zu Hause war, besuchte ich ihn oft. Wir führten lange, interessante Gespräche über

Jesus, über den Glauben und über seine vielen Fragen, die ihm plötzlich wichtig waren. Einige Zeit später erlitt er einen weiteren Schlaganfall. Er hat noch das Abendmahl genommen und ist dann in tiefem Frieden eingeschlafen. Wie froh und dankbar ist seine Frau, daß sie weiß: Er hat Jesus und ist für Zeit und Ewigkeit gerettet! Sie sagte mir später einmal: «Diese drei Monate zu Hause waren die schönsten meiner ganzen Ehe.»

«Bete für die Ungläubigen» – wie gern tue ich das! Warum? Weil es da um die Rettung, um das ewige Leben geht. Das ist unser wichtigstes Anliegen. Das, was Jesus uns durch seinen Tod erworben hat, das dürfen und sollen wir doch möglichst vielen Menschen weitersagen!

Oft fragen mich die Leute: «Werde ich auch gesund?» Dann antworte ich: «Das liegt nicht bei mir. Ich von mir aus kann überhaupt nichts tun.» Schließlich hat Jesus gesagt, daß wir ohne ihn absolut nichts tun können (Johannes 15,5). Er allein ist souverän, er allein weiß und entscheidet, wie er handeln will.

Und noch etwas sage ich den Leuten bei solchen Gelegenheiten: «Wichtiger, als daß wir hier auf Erden mehr oder weniger gesund siebzig, achtzig oder hundert Jahre alt werden, ist doch, daß wir für die Ewigkeit gerettet sind! Was sind unsere paar Jahrzehnte im Vergleich zur Ewigkeit! Diese Ewigkeit möchte ich nicht verlieren und fern von Gott zubringen. Darum bin ich so erfüllt von dem Auftrag, Menschen das Evangelium zu bringen, damit sie Jesus kennenlernen und gerettet werden.»

Eines Tages rief mich ein Arzt zu einem Sterbenden – Krebs im letzten Stadium. Wir fuhren zu ihm, und ich war erschüttert, als ich den Mann sah: ein wahrer Hüne, ausgeprägte, markante Gesichtszüge... und nun lag er da wie ein gefällter Baum. Ich war zutiefst bewegt.

Doch ich hatte eine großartige Botschaft für ihn. Ich konnte ihm von der Liebe des großen Gottes erzählen, der ihn kannte, liebte und retten wollte. Während ich ihm ganz behutsam erklärte, daß Jesus in die Welt gekommen sei, um ihn zu erlösen und von Sünde und Schuld zu befreien, da wurden seine Augen immer größer und strahlender.

Ich machte ihm bewußt, daß wir uns hier auf der Erde entscheiden müssen, wo wir die Ewigkeit verbringen wollen, hat Jesus doch gesagt: «Wer an den Sohn glaubt, der hat das ewige Leben. Wer aber dem Sohn nicht gehorsam ist, der wird das Leben nicht sehen, sondern der Zorn Gottes bleibt über ihm» (Johannes 3,36). Und ich fragte ihn: «Wollen Sie Jesus als Ihren Herrn annehmen?»

Da sah er mich mit leuchtenden Augen an und sagte: «Ja!»

Seine erwachsene Tochter, die an seinem Bett saß, schloß sich ihm sofort an: «Frau Anton, ich möchte auch Jesus mein Leben übergeben.»

Das ermutigte mich, seine Frau, die sich mit uns in dem Zimmer befand, zu fragen: «Und Sie? Wollen Sie ebenfalls Jesus als Ihren Herrn annehmen?»

Sie reagierte skeptisch. «Ich weiß nicht... ich habe noch gewisse Vorbehalte.» In diesem Moment mischte sich der Kranke ins Gespräch ein: «Da gibt es doch nur eins – entweder ja oder nein.»

Der hatte es begriffen!

«Die Entscheidung liegt allein bei Ihnen. Gott zwingt niemanden», sagte ich.

Bevor ich das Lebensübergabegebet sprach, bat ich: «Wer sein Leben Jesus anvertrauen möchte, soll das Folgende Zeile für Zeile nachsprechen...» Und siehe da, ich hörte *drei* Stimmen, die mein Gebet nachbeteten und Jesus ihr Leben übergaben.

Muß das ein Fest im Himmel gewesen sein, als nicht nur ein, sondern gleich drei Sünder zu Gott umkehrten!

Dann wandte ich mich wieder dem Kranken zu. Er lag noch wie am Anfang da, mit ganz verkrampften, angewinkelten Armen, eine Hand zur Faust geballt. Er hatte eine große Metastase am Ellenbogen und konnte Arme und Oberkörper deshalb nicht entspannen. Ich betete für ihn, und dabei kam mir in den Sinn, wie Jesus in der Synagoge den Mann mit der verkrüppelten Hand geheilt hatte (Matthäus 12,9–13). So bat ich Jesus, die Verkrampfung zu lösen, und forderte den Kranken anschließend im Namen Jesu auf: «Strecken Sie Ihren Arm!» Der Arm schnellte nach vorn und lag dann völlig entspannt auf der Bettdecke. «Strecken Sie Ihre Finger!» Die Hand öffnete sich, die Finger lösten sich aus ihrer Verkrampfung.

Ganz entspannt und friedlich lag der Mann da. Wie dankbar waren wir Jesus für sein Eingreifen! Ich durfte den Kranken noch segnen, und vierzehn Tage später ist er gestorben. Er hatte in dieser Zeit keine Schmerzen mehr gehabt und konnte im Frieden mit Gott «heimgehen».

Zwischen Finsternis und Licht

Eines Tages rief mich unser Pastor in sein Büro. Er hatte eine Zeitung vor sich liegen und sagte: «Schauen Sie sich das einmal an!»

Auf der Seite mit dem «Veranstaltungskalender» wimmelte es von Inseraten mit Angeboten wie: «Besprechen – Tel. ...», «Pendeln – Tel. ...», «Kartenlegen – Tel. ...», «Ihr persönliches Horoskop – Tel. ...»

Der Pastor war empört. «Das verfolge ich schon eine ganze Zeit. Täglich stehen solche und ähnliche Anzeigen in der Zeitung. Frau Anton, wir können doch nicht zulassen, daß Menschen auf so etwas vertrauen und sich an die dahinterstehenden Mächte binden. Jesus, unser Herr, ist der einzige Erlöser. Nur er kann die Menschen retten, nur er kann ihnen helfen. Und nur er weiß alle Dinge der Vergangenheit, Gegenwart und Zukunft. Was halten Sie davon, wenn wir folgende Anzeige aufgeben: «Gebet für Kranke und Hilfesuchende – sonnabends 18.00 Uhr in unserer Kirche»?

Ich war begeistert und sofort bereit, diesen Dienst zu übernehmen. Und die Leute kamen – manchmal eine Person oder zwei Personen, zuweilen aber auch zehn oder elf Rat und Hilfe Suchende. Da mit jedem einzeln gebetet wurde, mußten die übrigen im Kirchenvorraum warten, bis sie an die Reihe kamen. Manchmal ging es zu wie in einer Arztpraxis: «Der Nächste, bitte ...!»

Natürlich waren wir froh und dankbar, daß

unser Angebot so großen Anklang fand und daß der Herr so sichtbar wirkte. Nicht selten kamen die Menschen bis spät in den Abend hinein, und da kam bald einmal der Gedanke auf: Die Leute sind nicht nur samstags krank, sondern die ganze Woche über. Also änderten wir unser Inserat. «Gebet für Kranke und Hilfesuchende – täglich um 18.00 Uhr in der Kirche.»

Seit Jahren tun wir nun schon diesen Dienst, und es ist überwältigend, wie der Herr dadurch segnet.

Eines Tages kam durch unsere Anzeigenaktion Frau S. mit ihrem eineinhalbjährigen Sohn ins Gebet. Sie wirkte befangen und unschlüssig.

«Was können wir für Sie tun?» fragte ich sie.

«Sehen Sie sich meinen Jungen an – voller Neurodermitis; der ganze Leib, der Rücken, die Ärmchen, die Hände. Ich kann es nicht mehr mit ansehen.» Die Mutter war ganz verzweifelt. Abend für Abend mußte sie dem Kleinen die Hände verbinden, damit er sich nachts nicht wundkratzte. Sie war am Ende ihrer Kraft.

«Kein Arzt kann uns helfen. Was meinen Sie, was wir schon alles versucht haben! Ich bin zwar kein Christ – aber beten Sie bitte für meinen Sohn.»

Ich erzählte ihr von der grenzenlosen Liebe Gottes, die in Jesus Christus leibhaftig in diese Welt gekommen ist, um alle Verlorenen zu retten. Ich wies sie darauf hin, daß wir nur durch Jesus im Gebet Zugang zum Vater haben.

Dann begannen wir mit der Frau und ihrem kleinen Kind zu beten, und ich bat Jesus im stillen, ihr das Herz zu öffnen und heilend einzugreifen, damit sie ihn als den Helfer und Herrn erkenne und merke, wie sehr sie ihn braucht. Während ich noch betete, spürte ich, wie es in meiner linken Halsschlagader zu pochen begann. So kündigt sich manchmal eine Frage oder ein Wort an, und ich mußte die Frau fragen: «Sagen Sie, haben Sie etwas mit ‹Besprechen› zu tun, oder haben Sie gependelt?»

«Ja», antwortete sie, «ich habe über meinem Jungen gependelt.»

Sie hatte, erzählte sie, noch einen zwei Jahre älteren Sohn. Als sie seinerzeit gemerkt hatte, daß sie wieder schwanger war, hatte sie zu pendeln begonnen, weil sie unbedingt ein Mädchen haben wollte. Fast neun Monate lang hatte sie über ihrem Körper und dem in ihr wachsenden Leben gependelt und gemeint, auf diese Weise das Geschlecht des Ungeborenen beeinflussen zu können.

Ich war erschüttert und fragte Frau S.: «Wissen Sie eigentlich, worauf Sie sich da eingelassen haben?»

«Nein», versicherte sie völlig arglos.

Ich erklärte ihr ausführlich, daß sie sich durch diese Praktik an widergöttliche Mächte gebunden habe (5. Mose 18,9ff) und unbedingt aus deren Einfluß befreit werden müsse.

«Wie ist denn das möglich?» fragte sie.

«Befreiung erleben Sie nur im Namen Jesu. Er hat diese Mächte besiegt. Wenn Sie aus ihrem Einflußbereich herauskommen wollen, müssen wir die Bindungen im Namen Jesu lösen.»

«Ja, ich möchte frei werden», sagte sie.

Ich betete für sie und forderte sie dann auf: «Nun

sagen Sie sich bitte auch noch los von den Mächten des Pendelns!»

Da brauste sie plötzlich auf und fauchte mich an: «Das ist doch alles Quatsch, was Sie hier machen!»

Ich blieb ganz ruhig und sagte: «Ich kann leider nichts mehr für Sie tun, als für Sie zu beten, daß Jesus Ihnen die Erkenntnis der Wahrheit schenkt.»

Dann wandte ich mich dem Kleinen zu. Er hockte vor mir, zwischen meinen Knien, und sah mich mit großen blauen Augen unverwandt an. Ich hatte meine Hände auf meine Knie gelegt, und er legte seine kleinen Patschhändchen hinein. Ich konnte Jesus nur bitten: «Herr, erbarme dich über dieses Kind! Heile es von der Neurodermitis. Befreie es von seinen Qualen.»

Sie gingen; doch am folgenden Montag erschien die Frau wieder. «Ich mußte kommen», sagte sie. «Sie können sich nicht vorstellen, was für eine Woche ich hinter mir habe. Noch nie im Leben habe ich soviel Streit mit meinem Mann gehabt; noch nie ist soviel Geschirr zerschlagen worden wie in diesen Tagen.»

An ihrem linken Handgelenk hatte sie eine kleine Wunde, die zu einer Blutvergiftung geführt hatte. Der ganze Arm war verbunden.

«Nun habe ich begriffen, mit welchen Mächten ich es zu tun habe. Ich will von ihnen befreit werden und mich von ihnen lossagen.»

Wir beteten miteinander. Ich dankte Gott aus tiefstem Herzen, daß er der Frau die Augen geöffnet hatte für den Einfluß, dem sie sich ausgesetzt hatte. Sie brachte ihre Schuld vor Jesus, und ich durfte ihr im Namen Jesu seine Vergebung zusprechen. Sie sagte sich los von den gottfeindlichen Mächten und wurde im Namen Jesu aus ihrem Einflußbereich herausgerissen.

«In meinem Leben soll es einen Herrschaftswechsel geben», sagte sie. «Ich habe erkannt, daß ich Jesus brauche. Er soll ab sofort mein Herr sein. Er ist mein Erlöser. Ich vertraue ihm, denn er hat meinen kleinen Sohn geheilt.»

So legte sie ihr Leben in die Hände Jesu.

Frau U. kommt mit ihrem Sohn ins Gebet. Beide sind an einer sehr ausgedehnten Gürtelrose erkrankt.

Der Arzt hat ihnen gesagt: «Hier haben Sie eine Salbe; versuchen Sie es damit. Wenn es danach nicht besser wird, gebe ich Ihnen den guten Rat: Gehen Sie zum Besprechen*!»

Frau U. ist entsetzt. «Zum Besprechen? Nein, damit wollen wir nichts zu tun haben.»

Statt dessen kommen die beiden also zu uns ins Gebet.

Wir beten für Mutter und Sohn, bitten Jesus, die Gürtelrose zu heilen, die Pusteln abtrocknen zu lassen und den schrecklichen Juckreiz und die Schmerzen zu lindern.

Am nächsten Morgen ruft mich Frau U. schon

---

* «Besprechen» ist die Tätigkeit eines Geistheilers, der z. B. mit Beschwörungsformeln kosmische Mächte anruft, damit sie Krankheiten wegnehmen, Arzneien mit kosmischen Energien «aufladen» usw.

vor sieben Uhr an: «Helga, stell dir vor, bei uns beiden trocknet die Gürtelrose ab!» So schnell hat Jesus diesmal eingegriffen!

Daraufhin ging Frau U. wieder zu ihrem Arzt, brachte ihm seine Salbe zurück und berichtete ihm: «Wir brauchen sie nicht. Die Gürtelrose klingt bereits ab.»

Er sah sie erstaunt an: «Ach, sind Sie also doch beim Besprechen gewesen?»

«Nein, wir waren bei der Konkurrenz.»

Der Arzt begriff nicht. «*Wo* waren Sie?»

«Wir haben für uns beten lassen», berichtete sie strahlend. Sie bezeugte ihm, daß Jesus lebt und heute noch Wunder tut wie damals, als er als Mensch auf dieser Erde lebte. Der Arzt war so überrascht, daß er sich gleich die Telefonnummer unseres Gebetsdienstes geben ließ.

So diente diese Heilung zur Verherrlichung Gottes, ganz so, wie Jesus es denen versprochen hat, die ihm nachfolgen: «Was ihr bitten werdet in meinem Namen, das will ich tun, damit der Vater verherrlicht werde im Sohn» (Johannes 14,13).

All unser Beten hat ja das eine große Ziel: Gott zu «ver-herr-lichen», ihn als den Herrn anzuerkennen und zu verkündigen als den, der in unserem kleinen Leben und in der großen Welt «zu sagen hat».

Gebet ist kein Selbstzweck. Gott ist kein «Wunschautomat». Aber er lebt, und er will sich als «herr-lich» erweisen, indem er uns schenkt, was wir aus eigener Kraft nie erlangen würden.

«Schau dir das an!»

Frau O. schob ihre Blusenärmel nach oben. Von den Handgelenken bis zu den Ellenbogen waren beide Unterarme rot und voller Pusteln. Offenbar litt sie an einer schlimmen Allergie, die mit starkem Juckreiz verbunden war.

Nun kam Frau O. ins Gebet. Wir fragten sie, ob sie ihre Bluse vielleicht mit einem neuen Waschmittel gewaschen habe? Ob sie irgend etwas Unverträgliches gegessen habe? Nein, sie hatte sich wie immer verhalten.

Wir baten Jesus, die Allergie zu heilen, die Pusteln trocknen zu lassen, den Juckreiz zu lindern und die Haut wieder geschmeidig zu machen.

«Schaut euch das an!» – Zwei Tage später erschien Frau O. wieder bei uns. Am Tag nach dem Gebet seien die Pusteln aufgegangen, das Wasser sei ihr «wie in Bächen an den Unterarmen heruntergelaufen», berichtete sie. Inzwischen war alles trocken und verschorft.

Wir staunten über dieses Wunder, und ich bat Frau O.: «Im nächsten Abendgottesdienst solltest du Zeugnis über diese Heilung ablegen.» (Jeweils am letzten Sonntag im Monat feiern wir in der Gemeinde nämlich einen Abendgottesdienst, bei dem wir unter anderem Gelegenheit haben, zu berichten, was wir mit Gott erlebt haben.)

Aber Frau O. wehrte ab. «Nein, das kann ich nicht. Ich traue mich nicht. Ich mag das nicht vor der Gemeinde erzählen. Und überhaupt – ich bin gar nicht da. Ich bin an dem Sonntag in Kassel, und ich weiß nicht, ob ich früh genug zurückkommen werde.»

«Dann wirst du es eben im übernächsten Abendgottesdienst erzählen!»

Wir feierten einen sehr schönen Gottesdienst, in dessen Verlauf einige Gemeindemitglieder ihre Erfahrungen mit Gott bezeugten. Nach dem Gottesdienst sah ich Frau O.

«Nanu, wo kommst du denn auf einmal her?»

«Na ja», sagte sie, «ich hab's doch noch rechtzeitig geschafft und habe ganz hinten gesessen.»

«Aha, damit du kein Zeugnis ablegen mußt, stimmt's? Dann bist du eben das nächste Mal dran. Du mußt Gott die Ehre geben für das, was er an dir vollbracht hat.»

Am Montag der Woche vor dem Gottesdienst begegnete ich ihr. «Und nicht vergessen, am Sonntag bist du mit deinem Zeugnis dran!»

«Nein, ich kann das nicht. Ich habe Angst.»

Am nächsten Tag kam sie zu mir und schob die Blusenärmel hoch. Die Allergie war wieder voll ausgebrochen. Frau O. war fix und fertig.

«Geschieht dir recht», konnte ich mir nicht verkneifen. Wir beteten erneut um Heilung, und Frau O. bat Jesus um Vergebung für ihr mangelndes Vertrauen. Sie wurde heil, und ich fragte sie: «Hast du jetzt begriffen, worum es geht? Gott hat dich nicht um deiner selbst willen geheilt, sondern zu seiner Verherrlichung. Willst du ihm jetzt die Ehre geben?»

Daraufhin sagte sie zu, im nächsten Abendgottesdienst Zeugnis abzulegen und der Gemeinde auch von ihrer Angst zu erzählen. Es wurde ein eindrucksvoller Gottesdienst. Diese Heilung diente wirklich zur Verherrlichung unseres Gottes und war eine wertvolle Lektion zum Thema «Gehorsam».

Nein, leicht fällt es uns nicht immer, das Gehorchen. Aber es macht unendlich froh und frei, uns der Führung unseres Herrn anzuvertrauen.

Es war am ersten Sonntag des neues Jahres, da predigte unser Pastor über eine der Heilungen, die Jesus an einem Sabbat vollbracht hat. Ich wurde ganz unruhig auf meinem Platz. Etwas ganz Ähnliches hatten wir nämlich tags zuvor selbst erlebt. Auch da war jemand von einem Moment zum andern völlig geheilt worden. «Herr, wie können wir in unserer Gemeinde sichtbare Zeichen der Freude über dein Wirken und Eingreifen setzen?» fragte ich. «Alles, was hier geschieht, soll ja zu deiner Ehre und zur Verherrlichung Gottes, des Vaters, dienen. Wie können wir unsere Gemeinde ständig und sichtbar an deine Gegenwart und Hilfe erinnern?»

Mir standen auf einmal Perlen vor Augen – eine Perlenkette auf dem Altar: Perlen als Zeichen der Freude; für jede konkrete Erfahrung des wunderbaren Handelns Jesu eine Perle, damit die ganze Gemeinde erkennt: «Der Herr ist da», und teilhat an dieser großen Freude.

Nach dem Gottesdienst ging ich zum Pastor und erzählte ihm, was für einen Eindruck ich hatte. Er sagte: «Ja, fangen Sie an!»

Wir kauften große Schmuckperlen – zwei Zentimeter im Durchmesser, damit man sie auch von ganz hinten in der Kirche sehen konnte. Und dann fügten wir das ganze Jahr hindurch Perle an Perle, so oft wir das Eingreifen Jesu erlebt hatten. Mit großer Freude nahm die Gemeinde daran Anteil, wie die Kette wuchs, die «Segenskette», die Zeugnis davon ablegte, wie Jesus unseren Dienst segnete. Am Ende des Jahres waren hundertzwanzig Perlen aneinandergefügt, und die Kette reichte genau von einer Seite des Altars bis zur anderen.

Mehrere Jahre haben wir es so gehalten, und unsere Freude ist immer wieder frisch und neu. Wir haben einen großen Gott, dem wir immer wieder in Demut danken können.

Mein Mitbeter Thomas und ich fuhren eines Tages zu einem Seminar nach Ostdeutschland. Nach der Abendveranstaltung kam ein Ehepaar auf mich zu und sagte: «Wir brauchen dringend Unterstützung im Gebet. Würden Sie wohl zu uns kommen und für uns beten? Wir sind in großen Schwierigkeiten.»

Sie waren gläubige Christen, hatten einen großen Bauernhof, und ihnen war zur Zeit der DDR Land enteignet worden. Eine Straße war über ihr Land gebaut worden. Sie kämpften nun schon eine ganze Weile um die Rückgabe ihres Eigentums.

Wir sagten gerne zu, am nächsten Morgen zu ihnen zu kommen und Gott für sie um Hilfe anzuflehen.

So machten Thomas und ich uns tags darauf auf den Weg. Als wir durch die Einfahrt zum Hof fuhren, war es, als bekäme ich plötzlich einen Schlag gegen die Brust. Nanu, hier war etwas. Mehr wußte ich nicht, aber ich war hellwach und gespannt.

Wir beteten mit dem Ehepaar und baten Gott, ihnen bei ihrem Rechtsstreit zu helfen. Wir wissen ja, Jesus ist gerecht und sorgt für die Seinen. So konnten wir ihn voller Dankbarkeit anbeten. Ich bat: «Herr, du weißt alles. Du kennst alle Vorgänge, du weißt, wo hier die Schuld liegt. Du weißt auch, wo hier Bindungen sind. Erbarme dich bitte und decke alles auf.»

Plötzlich stand mir ein Wort vor Augen, über das ich erschrak. Ich mußte den Bauern fragen: «Sagen Sie, waren Sie bei der Waffen-SS? Ich habe den Eindruck, auf diesem Hof liegt tiefe Nazischuld!»

Der Bauer erwiderte: «Nein, ich nicht, aber mein Bruder. Ihm gehörte eigentlich der Hof. Er war bei der Waffen-SS und ist im Krieg gefallen. Deshalb habe ich den Hof übernommen.»

Nun war plötzlich vieles klar. Diese Schuld belastete den Hof. Sie mußte vor Gott gebracht werden, und wir hatten uns darunter zu beugen, denn wieviel Unglück und Not ist dem Volk Gottes, den Juden, durch das Naziregime zugefügt worden! Das Ehepaar, Thomas und ich waren sofort bereit, Gott diese Sünde zu bekennen. Wir demütigten uns vor Gott, bekannten die Schuld und baten ihn um Vergebung.

Dann baten wir Gott, er möge diese Last und diese Bindungen von dem Hof nehmen, damit der Hof wieder frei werde.

Wir spürten die Gegenwart Jesu und die Wahrheit der Worte im 1. Johannesbrief (Kapitel 1,9): «Wenn wir aber unsere Sünden bekennen, so ist er treu und gerecht, daß er uns die Sünden vergibt und reinigt uns von aller Ungerechtigkeit.»

Die Besitzer merkten, wie Jesus ihnen ihre Last abnahm, der Hof selbst wurde frei, große Freude erfüllte uns. Wir baten Jesus um Kraft und Weisheit, um die Schwierigkeiten durchstehen zu können. Da kam mir plötzlich das Wort in den Sinn: Fürchtet euch nicht, ich kämpfe für euch.

Thomas schaute mich überrascht an: «Ich habe das Wort: Fürchtet euch nicht, ich streite für euch!»

Mit innerster Überzeugung konnten wir den lieben Leuten zusagen: «Jesus kämpft für Sie und nimmt sich Ihrer Sache an!» Später gewannen sie dann tatsächlich den Rechtsstreit und wurden mit gleichwertigem Land entschädigt. Ja, mit Jesus stehen wir immer auf der Seite des Siegers!

Mir ist es äußerst wichtig, mich im Gebet stets von Gottes Geist führen zu lassen. Die Menschen, die zur Fürbitte kommen, sind mir ja meistens unbekannt. Vor Gott aber ist nichts verborgen. Die Vergangenheit, Gegenwart und Zukunft liegt offen vor ihm. So kann ich immer nur bitten: «Herr, mache du; zeige du, was da im Verborgenen liegt und was du aufdecken willst, damit Heilung geschieht.»

Bete und gehorche

Nach einem Seminar in einer größeren Stadt kam Herr A. zu mir ins Gebet und erzählte mir seine Leidensgeschichte.

Seit fünfundzwanzig Jahren litt er unter sehr starken Rückenschmerzen. Er hatte verschiedene Ärzte konsultiert, aber keiner konnte ihm helfen. Er erzählte mir dankbar von seiner Frau, die immer treu zu ihm gehalten und ihn liebevoll umsorgt habe, wenn seine Schmerzen unerträglich wurden. Jetzt, Mitte fünfzig, habe er die vorzeitige Pensionierung beantragt, da er infolge seiner Beschwerden seinen Beruf nicht mehr ausüben könne.

Gemeinsam baten wir Jesus, ihn doch zu heilen.

Da hatte ich plötzlich den Eindruck, ich sollte ihn fragen, ob er mit seiner Frau verheiratet sei. In mir spielte sich ein Kampf ab. «Das kann ich doch nicht machen, Herr! So eine Frage habe ich noch nie einem Kranken gestellt. Das ist doch unmöglich.»

Doch die Unruhe in mir blieb. Ich spürte ein wildes Klopfen in der linken Halsschlagader, bis ich ihn schließlich fragte: «Sagen Sie mir bitte – sind Sie mit Ihrer Frau verheiratet?»

Er sah mich groß an und antwortete: «Ja, vor Gott.»

«Wie meinen Sie das?»

«Wir lieben uns und sind sicher, daß Gott zu dieser Beziehung ja sagt.»

«Vor dem Gesetz sind Sie also nicht verheiratet?»

«Nein, wir meinen, das muß nicht sein. Jesus weiß auch so, daß wir zusammengehören.»

Ich wies ihn darauf hin, daß wir als Christen auch der menschlichen Obrigkeit unterstehen und die staatlichen Gesetze und Ordnungen einhalten müssen, und ich erklärte ihm Römer 13. Er begriff, daß er in einer Beziehung lebte, die Gottes Gebot widersprach und die Gott «Unzucht» nennt (Galater 5,19). So hatte er das noch nie gesehen. Er war tief getroffen und wollte diese Schuld los sein. Er brachte sie vor Jesus und bat ihn um Vergebung. Ich durfte ihm diese Vergebung im Namen Jesu zusprechen, denn «welchen ihr die Sünden erlaßt, denen sind sie erlassen» (Johannes 20,23a).

Der Mann atmete befreit auf, dann beteten wir noch einmal für seinen Rücken.

Eine Woche später rief mich der Pastor seiner Gemeinde an: «Herr A. hat das Aufgebot bestellt und will heiraten. Haben *Sie* vielleicht etwas damit zu tun?»

Wir mußten beide lachen und freuten uns, wie der Herr an dem Mann gewirkt hatte. Vierzehn Tage später fand die Hochzeit statt. Kurz nach der Trauung besuchte mich das Ehepaar. Auf meine Frage an die Frau, was ihr Mann denn gesagt habe, als er damals nach Hause gekommen sei, strahlte sie mich an und berichtete: «Er stand nur in der Tür und fragte: ‹Willst du mich heiraten?› Ich war völlig überrascht. Diese Frage hatte ich nach dreißig Jahren nicht mehr erwartet.» Freudig hatte sie ja gesagt.

Gott segnete diese verspätete Ehe reich.

Hören und Gehorchen ist nicht immer leicht; aber immer hilfreich und gut. Nur dann bekommen wir inneren Frieden. Ob den jener Pastor gefunden hat, von dem ich jetzt berichten will?

Wir waren auf einem Kongreß in einer Großstadt. Teilnehmer aus Deutschland und den Nachbarländern waren zu der Veranstaltung angereist. Wir führten einen Workshop zum Thema «Gebetsarbeit» durch, in dessen Verlauf ich von einem Mann herausgerufen wurde. Er befand sich in einer schwierigen Situation und erhoffte sich von uns Fürbitte.

Er war Pastor und hatte zwei seiner Gemeindeältesten mitgebracht. Wir suchten uns eine ruhige Ecke zum Reden und Beten. Er war ein tiefgläubiger Mann und schilderte mir seine Situation. Ein großer Teil seiner Gemeinde lehnte ihn ab und wollte ihn loswerden, weil er zu «fromm» war. Die Konfirmandeneltern hatten sich gegen ihn erhoben, weil ihnen seine Jugendarbeit nicht paßte. Es gab schwere und fortgesetzte Differenzen mit einem Teil des Kirchenvorstandes und mit der vorgesetzten Behörde.

Nun hatte der Propst ihm zwei Möglichkeiten für einen Wechsel vorgeschlagen: Eine Gemeinde in einem fünfzehn Kilometer entfernten Ort brauchte einen neuen Pastor; und in einer sehr viel weiter entfernten Stadt sollten siebzehn Hauskreise zu einer Gemeinde zusammengefügt werden und einen Pastor bekommen. Er wußte nicht, wie er sich entscheiden sollte. So bat er um Gebet.

Wir fragten Gott: «Herr, wo soll dieser Bruder dir in Zukunft dienen? Was willst du? Laß uns deinen Plan erkennen, und verschließ die Türen, die in falsche Richtungen führen!»

Lange beteten wir. Danach hatte ich den Eindruck, er solle die Hauskreisgemeinde übernehmen, konnte das aber nicht begründen. So fragte ich den Pastor, wie denn der Kirchenvorstand der fünfzehn Kilometer entfernten Gemeinde zu ihm stehe. «Ach, wissen Sie», antwortete er, «die wollen mich auch nicht.»

«Dann denke ich, Sie sollten die weiter entfernte Aufgabe anpacken.» Restlos überzeugt waren wir allerdings nicht, und so kamen wir überein, weiter darüber zu beten.

Der Kongreß ging zu Ende, fünftausend Menschen machten sich auf den Heimweg, und auch wir gingen zum Bahnhof. Mich beschäftigte immer noch der Pastor. Plötzlich stand mir Josef vor Augen. Josef? «Herr, wieso erinnerst du mich jetzt an Josef?» Da kam mir die Geschichte von 1. Mose 37 in den Sinn: Die Brüder wollten Josef loswerden und verkauften ihn weit weg nach Ägypten. Dort wurde er dann zum Segen. Genau – das war meiner Überzeugung nach die Antwort! Die Gemeinde wollte den Pastor loswerden, nun sollte er weit weg zu den Hauskreisen gehen, denn dort würde Gott seinen Dienst segnen! Ich war auf einmal ganz aufgeregt und sagte zu meinen Freunden: «Ich muß unbedingt diesen Pastor finden. Helft mir bitte!»

Sie hatten ihn gesehen, als er mich während der Veranstaltung ansprach. Doch wie sollten sie ihn finden, jetzt, wo die fünftausend Kongreßbesucher sich in alle Himmelsrichtungen zerstreuten? Unmöglich! Da konnte nur Gott helfen. Und tatsächlich – wir gingen zur S-Bahn, da rief plötzlich einer meiner Begleiter: «Seht mal, da ist er!»

Er stand zwei Meter vor uns. Ich trat an ihn heran und erzählte ihm, wie Gott mir Josef vor Augen gestellt hatte. «Da sehe ich eine Parallele, Ihren Ruf. Jetzt habe ich die Gewißheit, daß Sie die Hauskreisgemeinde übernehmen sollen.»

Er sah mich erstaunt an. «Josef haben Sie vor Augen gehabt? Seltsam, das mit Josef hat mir schon einmal jemand gesagt!»

«Sehen Sie, das ist doch die Bestätigung!»

Wir verabschiedeten uns voneinander in der Gewißheit, den richtigen Weg für den Pastor erkannt zu haben.

Ein Jahr später arbeiteten wir wieder bei einem Gemeindekongreß mit und hatten einen Stand unserer Missionsstation aufgebaut. Da sah ich plötzlich aus den Augenwinkeln, wie ein Mann auf mich zusteuerte. Er wirkte müde und hoffnungslos, hatte unendlich traurige Augen und ein zerfurchtes Gesicht.

«Kennen Sie mich noch?»

Ich erschrak. Das war doch der Pastor vom vorigen Jahr!

«Bitte beten Sie für mich. Ich weiß nicht mehr aus noch ein.»

«Haben Sie die Hauskreisgemeinde übernommen?»

«Nein, ich bin immer noch in der alten Gemeinde. Können wir nicht bitte zusammen beten?»

Ich war tief erschüttert. So konnte ich nicht mit ihm beten. Zuerst mußte ich ihm klarmachen, daß er seinen Ungehorsam, seine Schuld bekennen und am Kreuz ablegen sollte.

Wir zogen uns hinter einige Stellwände zurück, und ich sagte: «Bitten Sie Gott, daß er Ihnen Ihren Ungehorsam vergibt, damit Sie wieder frei atmen können!»

Wir konnten den Herrn nur anflehen, die Last seiner Schuld von ihm zu nehmen, ihm wieder inneren Frieden zu schenken und die Freiheit, den Weg zu gehen, den Gott für ihn vorbereitet hatte.

Seither habe ich den Pastor nie mehr gesehen. Sein unglückliches Gesicht aber habe ich bis heute lebhaft vor Augen, und es ist mir eine ständige Erinnerung und Mahnung, daß es nicht reicht, Gott um Führung zu bitten, sondern daß dann auch mein Gehorsam gefragt ist. Nicht ich will handeln, nicht mein Wille soll geschehen, sondern ich möchte ein leeres Gefäß sein, das der Herr mit seinem Heiligen Geist füllt und zu seiner Ehre gebraucht.

An einem Glaubenskurs nahm ein junges Paar teil. Die beiden waren verlobt und lebten seit längerer Zeit zusammen. Nun erkannten sie aufgrund des Wortes Gottes, daß sie ihre Beziehung ordnen sollten, und legten den Hochzeitstermin fest. Sie suchten eine Wohnung und fanden auch eine, aus der der Vormieter gerade ausgezogen war. Nun baten sie mich, in diese Wohnung zu kommen und sie im Namen Jesu zu segnen.

Ich bat einige Mitbeter um Gebetsunterstützung, und zu sechst begaben wir uns dorthin. Wir beteten in jedem Raum und geboten im Namen Jesu allen Einflüssen und Mächten, die durch die früheren Bewohner dort Einzug gehalten haben könnten, zu weichen. Zimmer für Zimmer übergaben wir dann der Herrschaft Jesu. Zuletzt beteten wir im Wohnzimmer, als mein Mitbeter Thomas plötzlich rief: «Oh, nein, ist das ein schönes Bild. In der Wohnung schneit's!» Er war ganz begeistert – gleichzeitig stand vor meinen Augen das Wort aus Jesaja 1,18: «Wenn eure Sünde auch blutrot ist, soll sie doch schneeweiß werden, und wenn sie rot ist wie Scharlach, soll sie doch wie Wolle werden.» Wir waren ganz beglückt über diese Übereinstimmung. Ich sagte dem jungen Paar: «Schaut einmal, Jesus will euch eure Schuld vergeben. Er will euch reinigen, damit ihr ganz neu mit ihm in dieser Wohnung beginnen könnt.»

Auch sie erkannten den Zusammenhang, taten Buße und baten Jesus um Vergebung. Die durften wir den beiden im Namen Jesu zusprechen und sie und ihre neue Wohnung segnen.

Im Glauben wachsen

In der Gebetszeit um 18 Uhr sind wir immer zu zweit – ein Mitbeter bzw. eine Mitbeterin und ich. Wir halten das so, weil Jesus seine Jünger ja auch jeweils zu zweit ausgeschickt hat. Außerdem wachsen auf diese Weise bei uns immer neue Beterinnen und Beter heran.

Eines Tages kam ein Alkoholiker zu uns ins Gebet. Er hatte schon oft versucht, von seiner Sucht loszukommen, leider vergeblich. Führerschein und Arbeitsstelle hatte er verloren, und er war verzweifelt.

Mehrfach suchte uns der Mann auf, und wir baten Jesus, ihn von seiner Bindung an den Alkohol zu befreien und ihm die Kraft zu schenken, nein zu sagen. Tatsächlich schien er von seiner Sucht loszukommen.

Mehrere Monate vergingen, da rief mich unverhofft der Hausarzt des Mannes an und bat mich, sofort zu ihm zu fahren – er sei wieder rückfällig geworden und befinde sich in einem erbärmlichen Allgemeinzustand.

Ich nahm sofort Kontakt mit einer Mitbeterin auf. Als sie bei mir eintraf, baten wir als erstes Jesus um seine Hilfe und sein Eingreifen und um seinen Schutz auf der Reise zu dem Mann.

Er war sehr erstaunt, als wir bei ihm erschienen, aber wir durften für ihn beten. Er wurde ganz ruhig und getrost, so daß wir ihn allein lassen und wieder heimfahren konnten.

Doch schon auf der Autobahn hatte ich deutlich den Eindruck: Der Mann sollte unbedingt Jesus als Herrn annehmen und ihm sein Leben in die Hand geben! Das ließ mir keine Ruhe, und ich fragte meine Fahrerin: «Hast du es sehr eilig, nach Hause zu kommen?»

Sie sah mich erstaunt an. «Wieso? Was ist?»

«Ich spüre den Auftrag Gottes, umzukehren und dem Mann das Angebot zu machen, Jesus sein Leben anzuvertrauen.»

Sie war sofort bereit, zurückzufahren. Der Mann wollte gerade mit seinem Hund aus dem Haus gehen und war völlig verblüfft, daß wir auf einmal wieder vor ihm standen. «Haben Sie etwas vergessen?»

«Ja, so könnte man es nennen», schmunzelte ich. «Sie sollten Jesus Ihr Leben übergeben. Sind Sie dazu bereit?»

Wir gingen miteinander in seine Wohnung und beteten noch einmal zusammen. Er erkannte, daß er Jesus brauchte. So vertraute er ihm sein Leben an und bat ihn, die Herrschaft über sein Leben zu übernehmen.

Welch eine Freude war es, ihn zu segnen und ihm zuzusprechen: «Sie sind ein Kind Gottes. Jesus wird Sie führen und Ihnen helfen. Er hat Ihnen ein neues Leben geschenkt, das in Ewigkeit nicht endet. Sie können sich auf sein Wort verlassen: ‹Niemand wird die Meinen aus meiner Hand reißen› (Johannes 10,28).»

Glücklich verließen wir ihn zum zweitenmal. Er kam später und besuchte den Glaubenskurs in unserer Kirche. Dabei wuchs er immer mehr in die

Wahrheit Jesu hinein. Gottes Wort begann in seinem Leben Wurzeln zu schlagen und es zu verändern.

So wunderbar und mächtig ist unser Herr. Er macht wahrhaft frei von Bindungen und Süchten!

In den vergangenen Jahren hat unser Pastor übrigens viele solcher Glaubenskurse durchgeführt. Allein in den letzten acht Jahren haben etwa tausend Frauen und Männer daran teilgenommen und dabei Jesus neu oder besser kennengelernt. Sie kamen nicht nur aus dem Umfeld unserer eigenen Gemeinde, sondern auch aus anderen Kirchen in der näheren und weiteren Umgebung. So wurde der Same des Evangeliums in viele andere Gemeinden getragen. Gleichzeitig wurde dadurch auch unser Gebetsdienst im Land immer bekannter. Immer mehr Menschen kamen mit ihren Sorgen und Nöten, ihren Leiden und Krankheiten zu uns, und wir baten Jesus für sie um Hilfe.

Ein junger Mann, Abteilungsleiter in einer größeren Firma, litt unter einer langwierigen Regenbogenhautentzündung. Mehrfach suchte er den Augenarzt auf, der behandelte ihn mit Cortison, doch die Entzündung und die Schmerzen blieben.

Da erzählte ihm sein gläubiger Vater von der Möglichkeit des Krankengebets in unserer Gemeinde. Er beschloß, die Hilfe Jesu zu erbitten. Er kam zu uns und fragte als erstes: «Werde ich auch gesund werden?»

Ich mußte ihm sagen: «Ich selbst kann überhaupt nichts tun und versprechen. *Wie* Jesus eingreift und heilt, das liegt allein bei ihm. Aber *daß* er eingreifen wird, das kann ich Ihnen zusagen, denn bei ihm laufen die innere und die körperliche Heilung immer parallel.»

Ich erzählte ihm von Gottes Liebe, die so groß ist, daß Gott in Jesus Christus in diese Welt gekommen ist, um uns aus der Finsternis und Gottesferne zu retten. Daß er unsere Sünden auf sich nehmen und vergeben und unsere Krankheiten tragen und heilen will.

Dann beteten wir, Jesus möge die Regenbogenhaut von allen Entzündungsherden reinigen und den jungen Mann von seinen Schmerzen befreien. Der Kranke kam noch zweimal zu uns ins Gebet, danach war er gesund.

Etwa acht Monate später erschien er wieder bei uns, denn die Entzündung war erneut ausgebrochen. Enttäuscht fragte er mich: «Wieso ist das geschehen? Warum bin ich wieder krank?»

«Ich vermute, Jesus hat einen bestimmten Plan mit Ihnen. Vielleicht ist er Ihnen so nachgegangen und hat Sie wieder zu uns geführt, damit Sie ihn finden!»

Ich betete mit ihm und lud ihn ein, in eine unserer Gesprächsgruppen zu kommen. Diese Gruppen haben das Ziel, suchende Menschen mit Jesus bekanntzumachen und ihnen zu helfen, ihn besser kennenzulernen. Wir gehen von alltäglichen Lebensfragen aus und vermitteln dann anhand biblischer Gleichnisse Wegweisung und Hilfe. Schon viele Menschen haben in diesen Gruppen die entscheidenden Antworten auf ihre tiefsten Fragen bekommen.

Der junge Mann nahm unsere Einladung an, beteiligte sich an einer Gruppe, vertraute bald darauf Jesus sein Leben an – und Jesus heilte ihn erneut.

Monate später rief er mich aufgeregt an. Sein kleiner vierjähriger Sohn war schwer krank. Er konnte plötzlich nicht mehr geradeaus gehen und aufrecht sitzen, sondern torkelte und taumelte unkontrolliert. Seine Hände griffen an den Gegenständen, nach denen er greifen wollte, vorbei. Die ärztliche Diagnose war erschreckend: Hirnentzündung. Der Kleine war sofort ins Krankenhaus eingeliefert worden. «Bitte beten Sie!» flehte der Vater uns an.

Ich fuhr sofort mit einer Mitbeterin dorthin. Die Mutter saß am Bett des Kindes. Völlig teilnahmslos lag der Junge da.

Wir baten Jesus um sein Erbarmen, seine Hilfe, seinen Schutz und seine Heilung. Danach schaute mich der Kleine mit großen Augen vertrauensvoll an, und ich hatte den Eindruck, daß er ganz geborgen war in der Liebe und im Frieden Jesu.

Jeden Tag fuhr ich ins Krankenhaus, und immer wieder baten wir Jesus um sein Eingreifen. Das Wunder geschah! Von Tag zu Tag ging es dem Jungen besser. Er freute sich, wenn ich kam, und dann beteten wir gemeinsam. Nach einigen Tagen konnte er wieder aufrecht stehen und sicher geradeaus laufen. Schon nach neun Tagen wurde er, was niemand für möglich gehalten hätte, als geheilt entlassen.

Gott ist ein Gott, der zu seinem Wort steht! Aus diesem Grund sind mir seine Verheißungen auch so wichtig geworden: Sie sind Zusagen unseres Herrn, in denen er sich uns gegenüber festgelegt hat.

Wir halten es in unseren Gruppen so, daß wir beim Bibelstudium ein «Ja» an den Rand schreiben, wenn wir eine Verheißung gefunden haben. Manchmal steht auf einer Seite drei oder vier Mal «Ja», und daran erkennen wir sofort: Da sind Zusagen Gottes, Worte, die mir ganz persönlich gelten und auf die ich mich verlassen kann.

Ein Mann war unbemerkt von einer Zecke gebissen worden. Erst bei einer Blutuntersuchung wurde das Gift festgestellt. Donnerstags kam er ins Gebet, und am darauffolgenden Montag sollte er in eine Klinik, um dort mit Antibiotika und Penicillin behandelt zu werden.

Wir waren alle eins im Glauben, daß Jesus dieses Gift unschädlich machen könne, und wir beteten im Vertrauen auf sein Eingreifen und seine Hilfe. Während des Gebets steht mir plötzlich Markus 16,18 vor Augen: «...und wenn sie etwas Tödliches trinken, wird's ihnen nicht schaden; auf Kranke werden sie die Hände legen, so wird's besser mit ihnen werden.»

So betete ich: «Ja, Herr, du hast gesagt, daß Gift ihnen nicht schaden wird. Nun greif du bitte ein, und mach dieses Gift unschädlich, damit unser Bruder geheilt und sein Blut wieder rein wird.» Wir dankten Gott schon im voraus für das, was er tun würde.

Am Montag mittag läutete bei mir zu Hause das Telefon. Der Mann rief an und erzählte mir voller Freude: «Ich bin schon wieder aus dem Krankenhaus zurück. Die erneute Blutuntersuchung im Labor hat ergeben, daß kein Zeckengift mehr im Blut zu finden ist!»

Er war geheilt! So wunderbar hatte Jesus eingegriffen! Er steht zu seinem Wort, auch heute noch. Seine Verheißungen sind Wahrheiten, die wir immer wieder erleben können.

Auf wie vielfältige Weise unser Herr eingreift und hilft, erstaunt mich immer wieder. Sogar die Technik benutzt er für seine Zwecke. Alles ist ihm untertan. Zwei Beispiele sollen das illustrieren:

Eines Tages rief mich eine Frau aus Berlin an. Sie hatte mich in einer Fernsehsendung gesehen und war überwältigt, wie Jesus auch heute noch Wunder vollbringt. Über die Auskunft hatte sie meine Telefonnummer erfragt und rief mich nun an, um mir ihre Geschichte zu erzählen.

Sechsundsiebzig Jahre alt war sie und noch immer im Dienst der Kirche tätig. Sie leitete Frauenkreise und Bibelstunden. Doch in letzter Zeit hatten ihre Kräfte sehr nachgelassen. Der Arzt hatte festgestellt, daß sie einen Thrombus in der linken Herzkammer hatte. Das behinderte sie natürlich sehr, so daß sie ihren Dienst nicht mehr ausüben konnte. Außerdem litt sie an schweren Durchblutungsstörungen bis in die Zehenspitzen hinein.

Sie war eine gläubige Christin und suchte Gott im Gebet. Das Telefon ermöglichte es uns nun, über eine so weite Entfernung hinweg miteinander zu beten. Wir wurden eins im Glauben und Vertrauen auf die Hilfe Jesu und sein Eingreifen. Gemeinsam beteten wir, daß Jesus den Thrombus auflösen und ihr Herz wieder ganz gesund machen möge. Wir baten ihn konkret, alle Blockaden aus dem Gefäßsystem wegzunehmen und die Ablagerungen von den Wänden der Adern zu lösen, so daß keine Verengungen mehr da wären und die Durchblutung wieder gewährleistet sei.

Der Herr würde helfen – dessen waren wir uns beide gewiß.

Noch öfter telefonierte ich mit der Frau, und jedesmal beteten wir ganz intensiv.

Nach einigen Wochen mußte sie erneut zu einer Herzuntersuchung. Und wieder einmal war ein Wunder geschehen: Jesus hatte den Thrombus aufgelöst! Das Herz war frei, die Durchblutungsstörungen blieben allerdings noch eine Weile – einige Monate sogar –, bis der Herr auch diese wegnahm. Inzwischen ist die Frau von ihrer schweren Krankheit völlig genesen und kann wieder ihren Dienst versehen. Sie leitet wieder eine Frauengruppe, kann an Bibelstunden teilnehmen und ist durch Jesus gesund und gestärkt.

Daß Jesus die Technik beherrscht, erlebte in anderer Hinsicht Frau D. Sie litt unter Schmerzen in der Brust, die bis in die Arme ausstrahlten. Dazu hatte sie heftige Atembeschwerden und war so schwach, daß sie nicht mehr zu uns kommen konnte. Darum besuchte ich sie mit einer Mitbeterin.

Frau D. hatte achtzehn Jahre zuvor eine neue Herzklappe bekommen. Das war zu der Zeit eine äußerst schwierige Operation gewesen. Danach hatte sie fast beschwerdefrei leben können. Allerdings hatten ihr die Ärzte damals gesagt, die künstliche Herzklappe würde ungefähr fünfzehn bis maximal zwanzig Jahre halten, dann müßte eventuell eine neue eingesetzt werden. Jetzt, nach achtzehn Jahren, stellten sich die Beschwerden wieder ein, und so befürchtete Frau D. eine erneute Operation.

Wir baten Jesus um sein Erbarmen. Wir wußten: Er allein kann die Ablagerungen von der Herzklappe entfernen und alles wieder passend machen. Nun flehten wir ihn an, die Herzkammern und Adern zu reinigen und die Schmerzen zu lindern, ja, ganz wegzunehmen, damit Frau D. wieder beschwerdefrei leben und nachts zur Ruhe kommen könnte.

Das Wunder geschah: Die Beschwerden ließen nach, die Durchblutung wurde wieder besser und Frau D. konnte sogar wieder auf der linken Seite schlafen, was ihr vorher vor lauter Schmerzen unmöglich gewesen war. Wie dankbar waren wir, daß Jesus ihr eine erneute Operation erspart und ihr Beschwerden und Schmerzen genommen hatte.

Aus den Fesseln der Vergangenheit

Unendlich mühsam schleppte sich der junge Mann an Krücken zu uns ins Gebet. Seine kraftlosen Gelenke trugen ihn nicht. Außerdem litt er unter unbeschreiblichen Schmerzen.

Wir baten Jesus um Hilfe und Heilung, aber nichts geschah. Einige Zeit später kam seine Frau zu uns, und ich fragte sie: «Wie geht es Ihrem Mann?»

«Unverändert», berichtete sie. «Er bittet, daß wir für ihn beten. Seine Schmerzen sind unerträglich, und er kann sich kaum noch fortbewegen.»

An diesem Tag war eine ganze Reihe von Mitbetern zusammen, und wir baten Gott, uns untereinander und mit ihm eins zu machen. Dabei wuchs in uns die Glaubensgewißheit, daß Gott den Kranken heilen würde. Während wir noch miteinander beteten, stand mir plötzlich das Wort «Mangel» vor Augen. «Mangel?» fragte ich. «Herr, was meinst du damit?»

Dann wandte ich mich an die junge Frau: «Hat Ihr Mann jemals Mangel gelitten?»

«Nicht daß ich wüßte», erwiderte sie, «aber ich werde ihn fragen.»

Sie fuhr rasch nach Hause und erkundigte sich sogleich bei ihrem Mann: «Hast du je Mangel gelitten?»

«Nein, daran erinnere ich mich nicht», antwortete er, «aber ich werde meine Mutter fragen.»

Seine Mutter wohnte in Brasilien. Der junge

Mann rief sie trotzdem an und fragte sie: «Mutter, habe ich als Kind je Mangel gelitten?»

«Ja, als du zwei Jahre alt gewesen bist, hat hier eine große Wassernot geherrscht. Da hast du Wassermangel gelitten.»

Wie staunten wir, als wir das erfuhren. Niemand hatte das gewußt, aber Jesus hatte es jetzt aufgedeckt! Das junge Paar kam erneut zum Gebet. Wir beriefen uns auf Gottes Wort und auf seine Verheißung: «Euch wird nichts mangeln» (siehe Psalm 23). Der Herr hat uns versprochen, für uns zu sorgen, so daß wir keinen Mangel leiden. So baten wir ihn, doch diesen Mangel auszugleichen, den der Kranke als Kind erlitten hatte. «Und dann stärke bitte seine Knochen, seine Muskeln, seine Sehnen und Bänder», schlossen wir.

Wir dankten Gott für die Gewißheit, daß er eingreifen würde, eine Gewißheit, die so stark war, daß wir voll jubelnder Freude waren.

Schon kurz nach diesem Gebet war sein Gang viel fester geworden. Er stützte sich nicht mehr mit seinem ganzen Gewicht auf seine Krücken, sondern konnte sie sogar ein wenig hin und her schwenken. Was für ein Wunder Gottes!

Einige Monate später kam während eines Seminars in Hamburg ein schlanker junger Mann mit beschwingten Schritten auf mich zu. Ich erkannte ihn nicht.

«Nanu, habe ich mich so verändert?» sprach er mich an. Ich konnte es kaum fassen: Er war es, der junge Mann, den Gott geheilt hatte. Heute steht er im Dienst Jesu und ist ein lebendiges Zeugnis für die Wunder, die unser Herr auch heute noch tut.

Wir haben einen Gott, der die verborgenen Defizite kennt. Deshalb ist es mir so wichtig, nicht meinen eigenen Gedanken Raum zu lassen, sondern mich ganz der Führung Gottes zu überlassen. Ich selbst kann nichts tun, aber die Möglichkeiten des Herrn sind unbegrenzt.

Eine Mutter kam mit ihrem vierzehnjährigen Sohn ins Gebet. Der Junge hatte seit seinem dritten Lebensjahr immer wieder epileptische Anfälle. Die Aufzeichnungen der Gehirnströme ließen auf eine starke Anfallsbereitschaft schließen, und tatsächlich hatten sich die Anfälle mit zunehmendem Alter gehäuft.

Die Eltern lebten in ständiger Sorge um ihren Sohn. Kommt der Junge wohl gesund von der Radfahrt zurück? Passiert ihm auch nichts beim Schwimmen? Aufgrund der Ungewißheit war der Junge in seiner Bewegungsfreiheit sehr eingeschränkt.

Die Großeltern, gläubige Christen, hatten immer für seine Heilung gebetet, aber die Anfälle waren geblieben. Und nun kam die Mutter mit ihm zu uns ins Gebet.

Wir erzählten den beiden von Gottes Liebe und was er alles für uns getan hat. Wir bezeugten ihnen Jesus, der unsere Sünden und Krankheiten auf sich genommen hat. Wir beteten den Jungen in die Liebe Jesu hinein und baten ihn, mit seiner ganzen Kraft zu kommen, die Krankheit von dem Jungen zu nehmen, jede Verkrampfung in ihm zu lösen und ihn endlich ganz frei zu machen. Besonders legten wir Jesus die Gehirnströme hin und baten:

«Herr, heile den Jungen doch bitte von der Anfallsbereitschaft.»

Wir waren eins im Glauben, daß Jesus dem Jungen helfen würde. Dreimal kamen Mutter und Sohn noch ins Gebet, danach ergaben die ärztlichen Untersuchungen, daß die Anfallsbereitschaft zurückgegangen war. Seit dem ersten Gebet hatte der Junge keine epileptischen Anfälle mehr gehabt.

Mittlerweile ist er achtzehn Jahre alt und kerngesund. Er ist einer der besten Schüler in seiner Klasse und sportlich sehr aktiv. Am wichtigsten ist ihm aber, daß er Jesus gefunden und ihn als seinen Herrn angenommen hat. Dies bezeugt er, wo immer sich eine Gelegenheit ergibt.

Herr A. war Transportunternehmer. Eines Tages humpelte er, schwer auf zwei Krücken gestützt, in die Kirche. Er hatte mit dem LKW einen schweren Unfall gehabt. Seine Beine waren mehrfach gebrochen, die Fersen- und die Fußgelenke waren zertrümmert. In langen und mühsamen Operationen hatten die Ärzte die Splitter wieder zusammengefügt und zur Stützung Platten eingesetzt.

Nun bat er uns, dafür zu beten, daß die Brüche gut verheilen würden und er wieder beschwerdefrei laufen könnte. Ich erkundigte mich: «Wie ist es denn zu dem Unfall gekommen?»

«Ich hatte einen epileptischen Anfall», erzählte Herr A.

Ich erschrak und hatte das Gefühl, dahinter stecke noch mehr. Auf meine Frage, seit wann er denn epileptische Anfälle hätte, antwortete er: «Seit meinem achten Lebensjahr.»

Inzwischen war er fünfundvierzig – so viele Jahre hatte er schon gelitten!

Ich fragte ihn: «Was ist denn geschehen, als sie acht Jahre alt waren?»

«Da ist mein Vater gestorben.»

«Und zwar ganz plötzlich, nicht wahr?» sagte ich.

«Ja. Wir saßen am Abendbrottisch, die ganze Familie, da hatte mein Vater einen Herzinfarkt und sank tot in sich zusammen.»

Dieses Erlebnis hatte den Jungen völlig traumatisiert. Könnte das vielleicht die Ursache für seine epileptischen Anfälle sein?

Wir baten Jesus, die Verkrampfungen zu lösen, die von diesem Schock herrührten und ihn wie in einem Gefängnis einschlossen. Und Jesus hat dieses Wunder getan. Er hat den Mann von seiner Epilepsie geheilt und auch seine zersplitterten Knochen und Gelenke wieder zusammenwachsen lassen, so daß Herr A. heute wieder beschwerdefrei gehen kann.

Ich erschrecke immer wieder, was für tiefgreifende Veränderungen ein Schock im Leben eines Menschen bewirken kann, seelische Wunden, die zu massiven körperlichen Beschwerden führen können. Wie gut, wenn Jesus dann Hintergründe offenlegt und Menschen in die Freiheit führt.

Das erlebte auch die Frau, die eines Tages zu mir kam.

«Frau Anton, ich bin eine gute Autofahrerin, und es macht mir nichts aus, in der Stadt oder auf der Landstraße unterwegs zu sein. Aber auf der

Autobahn bekomme ich jedesmal Panik. Ich habe Angst vor den großen Lastwagen. Vor allem die riesigen Räder neben mir machen mich fix und fertig. Ich möchte ja gern auf der Autobahn fahren, aber ich habe einfach keinen Mut.»

Was konnte ich der Frau sagen? Ich kannte sie ja gar nicht.

«Kommen Sie, wir wollen zusammen beten», schlug ich ihr vor.

Ich vertraute darauf, daß Jesus aufdecken könnte, ob es irgendeine Blockade gab, die diese Unsicherheit und Angst verursachte. Nachdem wir gebetet hatten, fragte ich: «Haben Sie jemals, vielleicht als Kind, einen schweren Unfall gehabt oder miterlebt, so daß Sie durch einen Schock gebunden sein könnten?»

Sie überlegte lange, dann sagte sie: «Als Kind bin ich einmal in die Aller gefallen und wäre fast ertrunken. Ja, das ist entsetzlich gewesen. Was meinen Sie, was für eine Angst ich damals gehabt habe!»

Hier konnte unter Umständen die Ursache für ihre Angst liegen! Wir baten Jesus, mit uns in die Zeit jenes Unfalls zurückzugehen und den Schock aus ihrem Unterbewußtsein, ihrem Herzen und ihrer Seele zu lösen und sie von den Ängsten, die in diesem traumatischen Erlebnis wurzelten, zu heilen.

Tatsächlich hat Jesus eingegriffen und der Frau ihre Angst genommen. Heute kann sie wieder auf der Autobahn fahren und darauf vertrauen, daß Jesus bei ihr ist und sie beschützt.

Anne erlebte, wie Jesus sie aus ihrer Erstarrung befreite und ihr das Leben neu schenkte. Als sie zum erstenmal ins Gebet kam, wirkte sie wie eine Marionette. Sie sagte von sich selbst: «Ich funktioniere nur noch. Ich weiß gar nicht mehr, was leben heißt.»

Dreizehn Monate zuvor war ihr Sohn tödlich verunglückt. Auf dem Heimweg von der Arbeit war er mit seinem Auto inmitten einer Kolonne gefahren. Aus ungeklärten Gründen scherte er plötzlich aus und stieß frontal mit einem entgegenkommenden Lastwagen zusammen. Er war auf der Stelle tot.

Als die Mutter diese Nachricht erfuhr, erstarrte etwas in ihr – sie war wie gelähmt. Mit dem Leben ihres Sohnes schien auch ihr eigenes Leben erloschen zu sein. Ihr war, als würde sie nur noch gelebt, als würde durch sie gehandelt. Eine schreckliche Kälte erfüllte sie von Kopf bis Fuß.

Dieser Zustand dauerte nun schon dreizehn Monate. Es war erschütternd, wie Anne in ihrem lähmenden Entsetzen gefangen war und sich nicht daraus befreien konnte. Endlich zeigte ihr jemand den Weg zu Jesus, und sie suchte bei ihm Hilfe und Heilung. Gemeinsam baten wir Jesus, mit ihr zu jenem 20. Dezember zurückzugehen, an dem das entsetzliche Unglück geschehen war, und ihre Starre zu lösen. Wir flehten ihn an, sie mit seiner Kraft zu durchströmen und sie mit seiner Liebe zu erfüllen, damit sie endlich wieder frei atmen könnte. Und tatsächlich, sie erlebte, wie die Erstarrung nachließ und sie plötzlich vom Kopf bis zu den Füßen von Wärme durchströmt wurde. So etwas hatte sie seit Monaten nicht mehr erlebt, und ein befreites Lächeln ging über ihr Gesicht.

Sie kam noch einmal ins Gebet und erlebte, wie Jesus ihre tiefen Wunden heilte, sie mit seiner Kraft erfüllte und ihr neuen Lebensmut gab. Inzwischen hat sie Jesus ihr Leben ganz anvertraut, hat sie doch erkannt, daß es sich nur in der persönlichen Beziehung mit ihm zu leben lohnt.

Eine erschütternde Begebenheit im Zusammenhang mit Schockerlebnissen hat sich mir unauslöschlich eingeprägt.

Ein Ehepaar hatte einen kleinen Sohn und freute sich sehr, als eineinhalb Jahre später ein Mädchen folgte. Die Kleine war kerngesund, lachte, trank; alles war in bester Ordnung. So bekam das drei Monate alte Baby eines Morgens gegen sechs Uhr wieder einmal seine Mahlzeit und wurde anschließend wie immer in die Wiege gelegt. Als die Mutter gegen acht Uhr nach der Kleinen schaute, erstarrte sie vor Entsetzen: Das Baby lag tot in seinem Bett – Kindstod. Die Mutter schrie und schrie. Sie konnte keinen klaren Gedanken fassen, sie schrie nur.

Irgendwie brachte sie die Kraft auf, ihre Mutter anzurufen. Die hörte am anderen Ende der Leitung nichts als Schreien. Sie verstand kein Wort, erkannte aber im Hintergrund die Stimme ihres kleinen eineinhalbjährigen Enkels. So wußte sie: Es ist meine Tochter.

Sie rief nur ins Telefon: «Jesus ist bei dir. Ich komme sofort!», ließ alles stehen und liegen, setzte sich ins Auto und fuhr zu ihrer Tochter. Sie fand sie, immer noch von Schmerz überwältigt, schreiend vor, daneben den weinenden Enkel, der überhaupt nicht begriff, was mit seiner Mutter geschehen war.

Die Großmutter organisierte das Notwendigste, verständigte den Notarzt und die Polizei, doch das Kind war und blieb tot.

Der Schock und das Entsetzen nahmen die Frau völlig gefangen. Sie konnte nicht mehr mit ihrem kleinen Sohn allein in dem Haus sein, in dem ihr Töchterchen gestorben war. Sobald ihr Mann morgens zur Arbeit aufgebrochen war, fuhr sie mit ihrem Sohn die dreißig Kilometer zu ihrer Mutter. Dort blieb sie den ganzen Tag über und kehrte erst abends zurück, wenn ihr Mann vom Dienst nach Hause kam. Tag für Tag, Woche für Woche ging das so. Nichts half – die Frau war wie eine Gefangene, die nur noch mechanisch reagierte.

Drei Monate nach diesem schrecklichen Geschehen hielt ich in der Gegend ein Seminar ab und war bei der Großmutter einquartiert. Als wir am ersten Morgen beim Frühstück saßen, kam die Tochter mit ihrem kleinen Sohn an. Sie konnte immer noch nicht allein sein, sondern brauchte die Geborgenheit des Elternhauses und die Nähe vertrauter Menschen.

Nach dem Frühstück befanden wir uns eine Weile allein im Zimmer, und bei der jungen Frau flossen wieder die Tränen. Ich setzte mich zu ihr, nahm sie in den Arm und sagte tröstend: «Jesus hat Sie unendlich lieb, bei ihm ist ihr totes Kind geborgen.»

Jesus liebt Kinder. Darum konnte ich der Mutter zusagen, daß ihre kleine Tochter bei ihm gut aufgehoben ist. Ich erklärte ihr dann, daß sie durch den Schock wie gelähmt und gebunden sei. Nur Jesus könne sie aus dieser Gefangenschaft befreien.

Wir beteten zusammen und legten Jesus die ganze schreckliche Situation hin. Wir baten ihn, mit uns zu dem Tag zurückzugehen, an dem das Unglück geschehen war, das Entsetzen und den Schock aus dem Unterbewußtsein der jungen Frau zu lösen und sie aus ihrem Gefängnis herauszuführen. Wir baten ihn um Heilung der inneren Verletzungen.

Noch während wir beteten, spürte die Frau, wie die schwere Last von ihr genommen und sie getröstet und befreit wurde. Wir konnten Jesus für seinen Frieden danken. Nach dem Gebet war sie ganz entspannt. Ein Leuchten lag auf ihrem Gesicht, und sie hatte das Gefühl, ihren Weg jetzt mit Jesus weitergehen zu können.

Ich selbst erlebte beim Beten aber noch etwas ganz anderes. Mir stand plötzlich das Bild eines Mannes vor Augen: ein fast rechteckiger Kopf, kurze dunkle Haare, dichte buschige Augenbrauen und stechende dunkle Augen.

Das Bild prägte sich mir so ein, daß ich nach dem «Amen» zu der Wand hinüberging, an der die Mutter der jungen Frau ihre «Ahnengalerie» aufgehängt hatte – Bilder der Eltern und Großeltern, der Geschwister, Kinder usw. Ich betrachtete sie genau und suchte nach dem Gesicht, fand es aber nicht. So schwieg ich und legte innerlich das Bild zur Seite. Aber da war ja noch das Haus, in dem es die junge Frau nicht mehr allein aushielt. Ich machte ihr den Vorschlag, mir in dem Ort ein paar treue Beter zu suchen, mit denen ich am Nachmittag zu ihr kommen und in ihrem Haus beten könnte.

Zu fünft besuchten wir sie und beteten in allen Räumen des Hauses. Besonders schmerzlich war es für die junge Frau natürlich, im Sterbezimmer ihres Kindes zu beten, aber im Namen Jesu banden wir die Mächte, die sich dort eingeschlichen haben könnten, und baten Jesus, sie zu zerschlagen, alle Räume zu reinigen, ganz in Besitz zu nehmen und mit seiner Herrlichkeit zu erfüllen.

Dann hatte ich plötzlich das dringende Bedürfnis, zum Boden hinaufzugehen.

«Ach was», meinte die junge Frau. «Das ist doch nicht nötig. Da ist nichts Besonderes.»

Aber ich bestand darauf, daß wir auch dort oben beten würden. Und als wir beteten, sah ich plötzlich wieder das Gesicht vom Vormittag vor mir. Ich war ganz erschrocken und fragte meine Mitbeter: «Kennt jemand von euch einen Mann, der so und so aussieht? Sein Gesicht hatte ich heute morgen schon vor Augen und jetzt wieder. Das muß etwas zu bedeuten haben.»

Eine der Mitbeterinnen meinte: «Das könnte der Sohn des Hausbesitzers sein. Der hat hier oben auf dem Boden Selbstmord begangen.»

Jetzt fiel es mir wie Schuppen von den Augen. Offenbar trieben hier im Haus noch Mächte ihr Unwesen. Wir beteten erneut und geboten den Mächten des Todes im Namen Jesu Christi, von dem Dachboden und überhaupt aus dem ganzen Haus zu weichen.

Nun war die junge Frau ganz frei. Von diesem

Tag an konnte sie wieder ohne Angst in dem Haus bleiben. Sie war an Geist, Leib und Seele geheilt und hat inzwischen wieder ein Kind bekommen, einen gesunden, kräftigen Sohn. Wir können Gott nur in tiefer Demut immer wieder danken für sein Eingreifen. So ist unser Herr!

Einem Elternpaar wurde ein kleines Mädchen geschenkt, aber sie wollten es nicht annehmen. Der Mutter war die Belastung durch das Kind zu groß, den Vater störte das Geschrei. Sie schlugen auf das kleine Geschöpf ein und mißhandelten es so schwer, daß es im Alter von zweieinhalb Monaten mit Knochenbrüchen und Blutergüssen ins Krankenhaus eingeliefert werden mußte.

Eineinhalb Monate behielt man das Baby im Krankenhaus, bis es wenigstens körperlich wiederhergestellt war. Dann kam es zu Pflegeeltern. Sie nahmen die Kleine liebevoll auf. Doch die Pflegemutter, die mit ihren drei eigenen Kindern nie nennenswerte Probleme gehabt hatte, erlebte mit der kleinen Tanja die größten Schwierigkeiten. Das kleine Mädchen reagierte völlig anders als «normale» Kinder. Wenn die Pflegemutter Tanja ins Körbchen legte, war sie ruhig und zufrieden. Sobald sie sie aber heraus- und auf den Arm nahm, schrie sie wie am Spieß und war durch nichts zu beruhigen. Auch schaute sie niemanden an. Ihre Augen, die voller Entsetzen schienen, blickten an allen Menschen vorbei.

So kam die Pflegemutter mit der Kleinen ins Gebet. Uns wurde während des Betens gezeigt, daß das Kind außer den bekannten körperlichen Schäden viele seelische Verletzungen erlitten haben mußte, zum Teil schon während der Schwangerschaft. Die Ablehnung durch die Mutter, die Lieblosigkeit der Eltern, all das hatte sich im Unterbewußtsein des Kindes festgesetzt. Zwischen einer Mutter und dem werdenden Leben herrscht ja eine so enge Beziehung, daß die Gefühle der Mutter auf das Kind übergehen.

Die kleine Tanja war voller Angst, und wir baten Jesus, all das Schreckliche, das sie erlitten hatte, aus ihrem Unterbewußtsein, ihrem Herzen und ihrer Seele zu tilgen und all die Wunden zu heilen, die Menschen ihr zugefügt hatten. Wir beteten das Kind in die Liebe Jesu hinein und waren eins in der Gewißheit, daß Jesus eingreifen würde.

Und das Wunder geschah: Als wir mit Beten fertig waren, schaute mich dieses Kind, das vorher nie einen Menschen mit den Augen erfaßt hatte, lächelnd an!

Auch die Pflegemutter staunte. Wir waren beide den Tränen nahe, und sie nahm ihr Kind und lief damit zum Pastor, um ihm von der wunderbaren Heilung zu berichten.

Heute ist Tanja vier Jahre alt, ein fröhliches, aufgeschlossenes Mädchen. Sie hat sich völlig normal entwickelt, lebt immer noch in ihrer Pflegefamilie und ist bei Jesus geborgen.

Nicht alle unsere Wünsche, aber alle seine Verheißungen

Nicht immer heilt Jesus so, wie wir es gerne hätten. Er ist Herr. Er greift ein, wie und wann er will und wie es für uns am besten ist. Er möchte, daß wir ihn erkennen und als den Herrn anerkennen. Unsere ewige Rettung ist sein großes Ziel.

Die junge Mutter erzählte mir am Telefon, ihr eineinhalbjähriger Sohn sei schwer an Leukämie erkrankt und liege in Kiel auf der Intensivstation. Ob ich nicht mit ihr dorthin fahren und für den Kleinen beten könne...?

Natürlich war ich gern bereit, mit ihr nach Kiel zu fahren, bat Elke aber, im Krankenhaus nachzufragen, ob ich – als Außenstehende – auch auf die Intensivstation dürfe. Ich habe nämlich mehrfach erlebt, daß man mir als Seelsorgerin den Zutritt zur Intensivstation verwehrte.

Wir verabredeten, daß Elke die Erlaubnis vom Krankenhaus einholen und mich telefonisch benachrichtigen würde. Am Samstag wollten wir dann um neun Uhr losfahren.

Da ich die ganze Woche nichts von ihr hörte, genoß ich den Samstag morgen in meinem Haus. Um neun Uhr läutete es plötzlich an meiner Haustür. Da stand Elke und wollte mich abholen. «Aber Sie haben doch gar nichts von sich hören lassen. Haben Sie denn die Erlaubnis für mich bekommen?» fragte ich erstaunt.

«Nein, nein», sagte sie. «Aber das macht nichts. Es wird schon gehen.»

«Also, jetzt wollen wir erst mal in Ruhe Kaffee trinken», reagierte ich.

So kam es, daß wir zwanzig Minuten später als ursprünglich vorgesehen losfuhren. Auf halbem Weg nach Kiel passierten wir eine Unfallstelle. Mehrere Autos waren ineinander verkeilt, ein großes Polizeiaufgebot war da, gerade kam der Notarztwagen an. Mir entrang sich ein tiefes «Danke, Herr!»

Elke sah mich erstaunt an. «Wieso? Was meinen Sie?»

«Nun, wenn wir pünktlich aufgebrochen wären, wären wir vielleicht in diesen Unfall verwickelt worden. Da haben wir doch allen Grund, für unsere Bewahrung zu danken.»

Elke wurde ganz nachdenklich und begann, mich nach meinen Erfahrungen mit Jesus auszufragen. Das war mir natürlich mehr als recht, denn so konnte ich ihr erzählen, was Jesus in meinem Leben gewirkt hat und welche Wunder er, der lebendige Herr, auch heute noch tut.

Im Krankenhaus in Kiel angekommen, durfte ich tatsächlich mit auf die Intensivstation, nachdem ich dem Arzt gesagt hatte, ich würde gern für das kranke Kind beten. An Schläuche und Sonden angeschlossen, lag es bewegungslos in seinem Bettchen. Seine Augen waren zwar geöffnet, blickten aber ins Leere. Sie nahmen nicht einmal die Mutter wahr. Über dem Bettchen hingen diverse Meßgeräte: Der Puls raste, das Fieber war sehr hoch. Es war erschütternd, den Kleinen so daliegen zu sehen. Ich betete, daß Jesus das Kind in sein Erbarmen einschließen möge. Ich hatte nicht den Eindruck, daß es gesund werden würde; aber ich betete, daß Jesus zumindest die Schmerzen lindern und den Jungen mit seinem Frieden erfüllen möge. Schließlich segnete ich den Kleinen im Namen des Vaters, des Sohnes und des Heiligen Geistes und war gewiß, daß Jesus da war und sich um ihn kümmerte.

Die Mutter hatte inzwischen die Meßgeräte beobachtet und erstaunt festgestellt, daß während des Gebets der Pulsschlag fast normal geworden und das Fieber gesunken war. Jetzt begriff sie, daß Jesus lebte und gegenwärtig war.

Auf der Rückfahrt bat sie mich: «Lassen Sie uns miteinander beten. Und dann muß ich mehr von ihm wissen. Ich will mich ihm auch anvertrauen.»

Das Kind ist nach zwei Wochen heimgegangen; aber die Mutter kam immer wieder ins Gebet und nahm bald darauf Jesus als ihren Herrn an. So hat Jesus beiden, Mutter und Kind, ewiges Leben geschenkt. Das ist Elke ein ganz großer Trost.

Ja, der Herr erfüllt nicht immer unsere Wünsche, aber sein Handeln ist immer gut und richtig. So ist es wichtig, daß wir es lernen, auf seine Stimme zu hören und unseren Willen seinem Willen unterzuordnen. Er hat ja den Überblick, und ihm zu vertrauen ist immer das Beste.

Unsere Gebetszeit um 18.00 Uhr, zu der jeder aus der Gemeinde kommen kann, habe ich schon erwähnt. Hier darf jeder seine Sorgen und seine Krankheiten zur Sprache bringen, und wir – ich habe immer einen zweiten Beter dabei – beten für ihn.

An einem Dienstag kam Rudi ins Gebet und erzählte von seinem Vater, der schwerkrank im Krankenhaus lag. Er habe Krebs, leide unter großen Schmerzen und sei so schwach, daß er schon seit längerer Zeit nicht mehr aufstehen könne. Rudi konnte es nicht mehr ertragen, seinen Vater so leiden zu sehen.

So riefen wir unseren Herrn an und baten ihn, uns ganz eins zu machen, auch mit dem Vater im Krankenhaus, damit der spüre: Jesus ist hier bei mir und rührt mich mit seiner Kraft an. «Erbarme dich des Vaters, heile ihn und nimm ihm die Schmerzen!» baten wir ihn. Beim Beten wuchs unsere Gewißheit, daß Jesus eingreifen würde, und wir dankten unserem Herrn schon hier und jetzt.

Am nächsten Tag kommt Rudi ins Krankenhaus und sieht seinen Vater am Tisch sitzen. «Nanu, Vater, was ist denn mit dir geschehen?» fragt er erstaunt. Da erzählt ihm der Vater strahlend: «Junge, hast du für mich gebetet? Seit gestern abend gegen achtzehn Uhr geht es mir viel besser. Ich fühle mich wieder so kräftig, daß ich aufstehen konnte. Und die Schmerzen haben auch nachgelassen.»

Rudi erzählt von unserem Gebet, und Vater und Sohn können nur voller Dankbarkeit den großen Gott loben.

Zeitgleich mit unserem Gebet hatte der Heilungsprozeß begonnen. Was ist das für ein großer Gott, der überall gegenwärtig ist, wo man ihn anruft!

Wir freuten uns, daß Rudis Vater schon nach ganz kurzer Zeit gestärkt und ohne Schmerzen nach Hause entlassen werden konnte. Nach einiger Zeit erkrankte seine Frau schwer, und der Vater pflegte sie rührend mit einer Kraft, die nicht aus ihm selbst kam, sondern die Gott ihm schenkte. Gott vertrauend, war er bei ihr, bis sie heimgerufen wurde.

Und nun geschah ein weiteres Wunder: Noch in derselben Nacht schloß auch der Vater für immer die Augen. Welch eine Gnade! Bis zum letzten Augenblick hatte Gott ihm die Kraft gegeben, seine Frau zu versorgen und zu betreuen. Jetzt hatte er seine Aufgabe erfüllt und konnte in Frieden heimgehen.

So wunderbar sind die Wege unseres Gottes. Wenn wir in ständiger Gemeinschaft mit ihm leben, auf sein Wort hören und uns von ihm führen lassen, beschenkt er uns unendlich reich.

Noch ein weiteres Wunder hat Gott in Rudis Familie gewirkt. Eines Morgens rief mich seine Frau Elke ganz aufgeregt an: «Helga, stell dir vor, Rudi ist in dieser Nacht ins Krankenhaus eingeliefert worden!»

«Was ist denn los? Gestern sind wir doch noch zusammengewesen!»

Elke erzählte, Rudi hätte in der Nacht einen Gehörsturz bekommen, und der Arzt hätte ihn sofort ins Krankenhaus eingewiesen.

Elke war bis dahin noch keine entschiedene Christin; aber in ihrer großen Not rief sie mich an, weil sie merkte, daß hier nur einer helfen konnte: Jesus Christus. Dankbar nahm ich zur Kenntnis, daß sie sich bei Jesus an die richtige Adresse gewandt hatte, und beruhigte sie: «Mach dir keine Sorgen, ich fahre sofort ins Krankenhaus.»

Ich betete, legte Jesus die ganze Situation hin und wußte: Er geht mit mir und wird auch hier helfend eingreifen.

Rudi war sehr erfreut, als ich so schnell bei ihm im Krankenhaus erschien. Gemeinsam wandten wir uns an unseren Herrn und baten ihn, Rudi mit seiner Kraft zu durchströmen, heilend einzugreifen und sich und den Vater an Rudi zu verherrlichen.

Nach dem Gebet schilderte Rudi mir die Ereignisse der Nacht. Während unseres Gesprächs ging die Tür auf, Elke trat ein und setzte sich zu uns. Eine Weile unterhielten wir uns noch, dann stand ich auf und wollte mich verabschieden.

In diesem Augenblick höre ich eine Stimme in mir sagen: «Sie soll ihr Leben Jesus anvertrauen!»

Gehorsam setze ich mich wieder und sage zu Elke: «In mir sagt eine Stimme, du solltest dein Leben Jesus anvertrauen. Was hältst du davon? Willst du das jetzt tun?»

Sie sieht mich ganz erschrocken an. «Aber nein, das kann ich doch nicht so einfach. Ich habe noch viel zu viel Zweifel und Bedenken!» Elke hatte zwar durch ihren Mann und andere aus unseren Gruppen schon viel von Jesus gehört, aber sie hatte immer noch Bedenken, diesen Schritt zu tun, weil sie meinte, sie wüßte noch nicht genug.

«Komm», sage ich geradeaus, «laß uns zusammen beten.»

Wir legen ihre Situation, ihren Zweifel, ihre Angst und ihre Fragen Jesus hin und bitten ihn, doch Elke das Herz zu öffnen und sie bereit zu machen, ihn in ihr Leben aufzunehmen. Und während dieses Gebets höre ich immer noch die Stimme: «Sie soll ihr Leben Jesus anvertrauen.»

So sage ich ihr nach dem Gebet: «Die Stimme ist wieder da. Du solltest dein Leben Jesus anvertrauen. Bist du jetzt bereit? Jesus zwingt keinen, du hast die freie Entscheidung; aber er wartet auf dich. Er will dich heilen, er will dir helfen, er will dir seinen Frieden schenken.»

Da spürt Elke in sich wirklich eine Veränderung, und sie sagt: «Ja, ich will Jesus als meinen Herrn annehmen.»

War das eine Freude bei Rudi, eine Freude bei uns dreien. Ich sprach Zeile für Zeile eines Lebensübergabegebets, Elke sprach Zeile für Zeile nach und vertraute sich Jesus an. Wir baten Jesus, ihr ihre Schuld zu vergeben und sie mit der Kraft seines Heiligen Geistes zu erfüllen. Und wir durften ihr zusagen, daß sie jetzt ein geliebtes Kind Gottes ist, daß Jesus ihr altes Leben mit sich in den Tod genommen und ihr das neue Leben geschenkt hat, das in Ewigkeit nicht endet – gemäß seinem Wort: «Ich lebe, und ihr sollt auch leben» (Johannes 14,19).

Wir segneten Elke und legten die Liebe und den Frieden Jesu auf sie. Wer hätte ahnen können, was da in diesem Krankenzimmer alles geschehen würde! So faszinierend sind die Wege des Herrn. Seine Herrlichkeit und seine Wunder zu bezeugen, etwas zu sein zum Lobpreis seiner Herrlichkeit (Epheser 1,12.14) – das ist unser Auftrag. Etwas zu sein in der Hand des großen Gottes, das ist wirklich wunderbar und macht das Leben reich.

Das habe ich kürzlich wieder neu erfahren. Jeden Mittwoch fahre ich nach Hamburg, wo ich jeweils in Blankenese für meine Dienste ein Zimmer zur Verfügung habe. Am Vormittag bin ich entweder in einem Gebetskreis, oder ich bete einzeln mit Menschen, die in Not sind. Am Nachmittag bin ich für Menschen da, die seelsorgerliche Hilfe in Anspruch nehmen möchten, und abends findet ein Bibelkurs statt. Der Tag ist also sehr ausgefüllt.

Ich fahre mit dem Zug bis Altona und werde dort, weil ich ja fast gänzlich blind bin, abgeholt und entweder mit dem Auto nach Blankenese gebracht oder in der S-Bahn begleitet.

Als ich an einem Dienstag abend nach Hause komme, finde ich auf meinem Telefonbeantworter die Nachricht vor, daß die Dame, die mich eigentlich am nächsten Tag am Bahnhof abholen sollte, krank geworden ist und nicht kommen kann.

Was tun? «Herr, hilf mir! Du weißt, ich muß nach Hamburg. Ich habe da meine Termine, und abends kommen die Leute zum Kurs. Ich muß da hin!»

Am nächsten Morgen betete ich nach dem Aufwachen wieder: «Herr, du weißt, ich muß nach Hamburg. Es ist dein Werk, und jetzt mußt du mir einfach jemand schicken, der mir hilft!»

Bald darauf sitze ich im Zug und bete wieder. «Herr, du weißt, daß ich nicht allein die Treppen zur S-Bahn hinuntergehen kann. Hilf mir bitte!»

Da kam zwischen zwei Stationen ein Mann durch den Wagen und setzte sich genau neben mich, obwohl ringsum noch andere Plätze frei waren (soviel kann ich aus den Augenwinkeln noch erkennen). Ich merkte, wie der Mann ein

Buch hervorholte und darin las, während ich immer noch um Hilfe betete.

Fünf Minuten bevor der Zug in Altona eintraf, hörte ich mich plötzlich sagen: «Verzeihen Sie, daß ich Sie anspreche – ich brauche Hilfe.»

«Ja, natürlich», antwortete er freundlich, «Ihr Koffer da oben, nicht wahr?»

«Nein, es ist nicht der Koffer. Ich wollte Sie fragen, ob Sie es sehr eilig haben, wenn wir gleich aussteigen, oder ob Sie fünf Minuten Zeit für mich haben.»

Er schaute mich erstaunt an. So erklärte ich ihm, daß ich blind bin, aber zum Bahnsteig der S-Bahn nach Blankenese hinuntermüsse. Ob er mich wohl da hinbringen könnte? Er war sofort bereit, nahm meinen Koffer, und gemeinsam zogen wir los.

«Sind Sie wirklich blind?» fragte er mich unterwegs. «Sie gehen erstaunlich sicher.»

Ich erklärte ihm, daß ich, Gott sei Dank, aus den Augenwinkeln noch Umrisse erkennen kann. Er wollte mehr darüber wissen. Inzwischen waren wir auf dem Bahnsteig angekommen, aber die S-Bahn fuhr uns vor der Nase weg. Ich wollte mich für seine Hilfe bedanken, aber er winkte ab: «Nein, nein, ich bleibe bei Ihnen, bis der nächste Zug kommt. Aber sagen Sie, wenn Sie nichts sehen können, was machen Sie denn allein hier in Hamburg?»

Gern nahm ich die Gelegenheit wahr, ihm von meinem Dienst zu erzählen und von den vielfältigen Aufgaben, die der Beruf einer Beterin mit sich bringt.

«Und wie schaffen Sie das alles, als Blinde oder doch fast Blinde?»

Ich berichtete, daß Gott mir ein phantastisches Gedächtnis geschenkt hat, so daß ich in der Lage bin, mit Hilfe von Diktiergerät und Kassetten Seminare und Vorträge vorzubereiten und zu dienen, wo er mich einsetzen will.

Er hörte mir fasziniert zu, staunend über Gottes Wunder. Als die nächste Bahn kam, dankte ich ihm für seine Hilfe, aber er erwiderte: «Ich habe Ihnen zu danken für das interessante Gespräch.»

So konnte ich ihm nur noch Gottes Segen wünschen, und kurz darauf kam ich wohlbehalten in Blankenese an. Wie dankte ich Gott, daß er mich so reibungslos ans Ziel gebracht hatte.

Seltsam war eigentlich nur die Reaktion meiner Freunde und Glaubensgeschwister auf mein Erlebnis. So sagten sie mir in Hamburg: «Wie hast du so etwas nur riskieren können! Du hättest dir ein Taxi nehmen oder telefonieren sollen! Wir wären sofort gekommen und hätten dich abgeholt.» (Wie hätte ich denn ein Taxi finden oder telefonieren können, ohne etwas zu sehen?) «Stell dir vor, dir wäre etwas zugestoßen! Man hätte uns ja ständig Vorwürfe gemacht!»

Und als ich dieses Erlebnis in Itzehoe als Zeugnis für die Gegenwart Jesu im Alltag erzählte, waren die Geschwister ebenfalls entsetzt und meinten: «Wie konntest du nur! Das war doch viel zu unsicher! Wir wären gar nicht erst losgefahren!»

Ich war erschrocken über diese beiden Reaktionen und fragte mich: Wie ist es eigentlich um unseren Glauben bestellt? Jesus hat doch in Matthäus 28 versprochen, daß er bis ans Ende der Weltzeit bei uns ist!

Gottes Macht und
die Mächte

Innerlich ganz schwach und völlig zerrissen kam die junge Frau zu uns ins Gebet. Sie hatte etliche okkulte Praktiken ausgeübt, kam nicht mehr los von den dahinterstehenden Mächten und erhoffte sich von Jesus Hilfe und Befreiung.

Sie erzählte, sie habe ihren Mann und ihr Kind verlassen, weil Jesus ihr das aufgetragen habe.

Ich war entsetzt. Das konnte nicht Gottes Wille sein! Unser Herr hat die Ehe gestiftet; er würde nie einer Frau raten, Mann und Kind zu verlassen.

«Doch!» beharrte sie auf ihrer Überzeugung. «Ich habe es selbst in einem Bild gesehen. Jesus stand oben auf einer Treppe in hellem Licht, auch die Treppe war strahlend erleuchtet, und er rief mir zu: Verlaß deinen Mann und dein Kind, und komm zu mir!»

«In welcher Situation haben Sie denn das Bild gesehen?» fragte ich.

«Während einer Yoga-Meditation», war ihre Antwort.

Ich erschrak. «Und Sie glauben wirklich, daß dieser Ruf von Gott ist, während Sie andere Götter anbeten? Das kann nicht sein. In der Bibel steht (2. Korinther 11,14), daß Satan sich als Engel des Lichts verkleidet. Er hat Sie in die Irre geführt, und Sie haben ihm gehorcht. Sie müssen Buße tun und Gott Ihre Schuld bekennen, dann wird er Ihnen vergeben.»

Dann beteten wir, daß Jesus sie aus den Fängen

der Mächte des Yoga befreien möge, und sie sagte sich im Namen Jesu von diesen Bindungen los. Sie bekannte ihre Schuld, und im Namen Jesu konnten wir ihr Vergebung zusprechen. Die Frau ist wirklich frei geworden und ist heute eine treue Nachfolgerin unseres Herrn.

Eine Mutter kam mit ihrer fünfjährigen Tochter zu mir und bat um Hilfe im Gebet. Sie erzählte, die kleine Hanne hätte ständig Schwierigkeiten mit den Ohren. Seit frühester Kindheit hatte sie im Ohr ein Ekzem. Es juckte und minderte die Hörfähigkeit. Außerdem näßte es, und so mußte die Mutter alle zwei Monate mit dem Kind zum Ohrenarzt, um die Absonderungen herausspülen zu lassen.

Es war wirklich eine Qual.

So kamen sie, und wir wollten gemeinsam Jesus bitten, er möge Hanne heilen. Nun sind nach meinen Erfahrungen Allergien oft die Folge von widergöttlichen Praktiken und Verbindungen, und ich hatte den Eindruck, ja, die Gewißheit, daß ich die Mutter fragen mußte: «Haben Sie sich jemals mit Yoga oder irgendwelchen esoterischen Praktiken beschäftigt?»

«O ja», erwiderte sie, «ich bin sogar Yogalehrerin gewesen.» Und auch für Esoterik hatte sie sich immer interessiert.

«Es könnte sein, daß ein Zusammenhang mit diesem Ekzem besteht», meinte ich und erklärte ihr, daß böse Mächte wirken, wenn man sich ihnen öffnet und eine Verbindung mit ihnen eingeht. Das Anbeten falscher Götter während einer Yoga-Meditation zum Beispiel ist gegen Gottes Gebot, und man begibt sich da oft in die Gefangenschaft von Mächten, von deren Kraft man keine Ahnung hat. Allein Jesus, der diese Mächte besiegt hat, kann von ihnen befreien.

Das erklärte ich der Mutter, und sie brachte ihre Schuld und ihre Bindungen vor Gott und bat ihn um Vergebung und Befreiung. Sie sagte sich los von dem Einfluß dieser Mächte und den esoterischen Praktiken, die sie ausgeübt hatte. Und im Namen Jesu durften wir sie lossprechen. Anschließend beteten wir gemeinsam für Hanne, die auch unter den Bindungen gestanden hatte, die die Mutter eingegangen war, sagt Gott doch ganz klar in 4. Mose 14,18: «Der Herr sucht heim die Missetat der Väter an den Kindern bis ins dritte und vierte Glied.»

Deshalb war es uns wichtig, daß auch Hanne durch Jesus Christus völlig frei wurde. Und dann baten wir Jesus, die Wurzeln des Ekzems zu zerstören, es abtrocknen zu lassen und zu heilen. Wir waren ganz sicher, daß Jesus eingegriffen hatte und die kleine Hanne gesund geworden war. So dankten wir Jesus für die Heilung und alles, was er an ihr getan hatte.

Einen Monat später ging die Mutter mit Hanne zum Ohrenarzt. Nach der Untersuchung sagte dieser erstaunt: «Es ist nicht zu fassen – das Ekzem ist verschwunden. Wie ist das geschehen?»

Da konnte die Mutter Zeugnis ablegen von der Heilung, die Gott ihrem Kind geschenkt hatte.

Ähnlich erging es Veronica. Sie kam zu uns in den Glaubenskurs und saß still und zurückhaltend in meiner Gesprächsgruppe. Als wir das Thema «Gebet» behandelten, empfahl ich den Teilnehmern, in der Woche bis zum nächsten Kursabend die Chance des Gebets wahrzunehmen und auf diese Weise mit Jesus Kontakt aufzunehmen.

Anschließend kam Veronica traurig zu mir und sagte: «Ich kann das nicht. Merkwürdig, ich kann den Namen von Jesus im Gebet nicht aussprechen. Es ist, als sei ich irgendwie blockiert.»

Ich wurde hellhörig und bot ihr an, mit ihr zusammen zu beten. Wir gingen in die Kirche und baten Jesus, aufzudecken, was sie daran hinderte, mit ihm in Verbindung zu treten. Da stand mir plötzlich das Wort «Besprechen» vor Augen, und ich fragte sie: «Haben Sie je einen Heiler aufgesucht und sich von ihm besprechen lassen?»

«Ja», antwortete sie. «Ich leide schon lange an Neurodermitis. Damit bin ich zu einem Besprecher gegangen, aber es hat nicht geholfen.»

Ich erklärte ihr, daß sie den falschen Weg gewählt und sich dem Gegenspieler Gottes ausgeliefert hatte und nun von ihm gebunden sei. Kein Wunder, daß ihr der Weg zu Jesus versperrt war! Doch Jesus ist der Stärkere. Er hat die Mächte besiegt. Darum konnten wir ihn bitten, die Bindungen zu lösen und die Mächte, die von ihr Besitz ergriffen hatten, in ihre Schranken zu weisen.

Ich forderte Veronica auf, sich von den Bindungen loszusagen, und den Mächten gebot ich im Namen Jesu: «Laßt Veronica los! Ihr seid besiegt; Jesus ist der Herr!»

Sie ist wirklich frei geworden. Dann beteten wir für ihre Neurodermitis und baten Jesus, heilend einzugreifen, alle Rauheit wegzunehmen und Veronica ganz gesund zu machen. Auch dieses Gebet hat er erhört. Veronica blieb im Glaubenskurs und hat Jesus als ihren Herrn angenommen.

Ina war von einer Freundin zu einem unserer «offenen Nachmittage» eingeladen worden, die wir für fragende und problembeladene Menschen durchführen. Nun saß sie da, als sei sie gar nicht anwesend. Ihr Blick war erloschen, und eine zentnerschwere Last schien sie zu erdrücken.

An diesem Nachmittag erfuhr sie zum erstenmal, daß Jesus Christus in die Welt gekommen ist, um den Menschen ihre Lasten abzunehmen. Sie nahm die Einladung zu einem seelsorgerlichen Gespräch an und saß mir bald darauf gegenüber.

Sie war mit einem Mann verheiratet, der in allen Dingen sehr korrekt war, aber völlig introvertiert, still und in sich gekehrt. Sein Hobby war Angeln, und in jeder freien Minute zog er mit seinem Angelzeug los, und seine Frau saß allein zu Haus, ohne Partner, mit dem sie sich unterhalten konnte. Und das sollte alles sein? Sollte das Leben ihr nicht mehr zu bieten haben?

Eines Tages brach sie aus ihrer Ehe aus. Neun Tage, nachdem sie ihren Mann verlassen hatte, verunglückte ihr neunzehnjähriger Sohn tödlich.

Das Entsetzen der Mutter war unbeschreiblich. Sie fühlte sich schuldig am Tod ihres Sohnes, meinte sie doch, das sei Gottes Strafe dafür, daß sie von ihrem Mann weggegangen war.

Nun lag die Last der Schuldgefühle auf ihren Schultern und erdrückte sie fast. Sie fand keinen

Frieden und war voller Angst. Erschwerend kam hinzu, daß seit drei Generationen in ihrer Familie immer wieder junge Männer um die Zwanzig eines unnatürlichen Todes gestorben waren.

Wir erkannten, daß auf der Familie wohl ein Fluch lastete, der im Namen Jesu widerrufen werden mußte. Wie dankbar war ich, Ina einen Herrn bezeugen zu können, der auf diese Erde gekommen ist, um unsere Sünde auf sich zu nehmen und uns vom Fluch zu befreien: «Die Strafe liegt auf ihm, auf daß wir Frieden hätten, und durch seine Wunden sind wir geheilt» (Jesaja 53,5).

Wir wurden eins im Gebet und baten Jesus, den Schock in ihr zu lösen, ihr Unterbewußtsein zu heilen und sie und ihre Familie von dem Fluch zu befreien. Sie brachte ihre Schuld vor Jesus, und wir durften auch ihr im Namen unseres Herrn die Vergebung zusagen.

Dankbar staunend beobachteten wir die Veränderung, die an ihr sichtbar wurde. Plötzlich strahlten ihre Augen, ein glückliches Lächeln lag auf ihrem Gesicht, und sie fragte verwundert: «Was habt ihr mit meinem Rücken gemacht? Die Last ist weg!»

Oft werde ich gefragt, wieso ich meinen Beruf als Geigerin so leicht habe aufgeben können – schließlich hätte ich doch mit meiner Musik vielen Leuten Freude bereitet. Ja, das stimmt. Aber soviel ich weiß, ist durch meine Musik nur eine Person zu Jesus Christus gekommen, und bei einer zweiten konnte ich ein Mosaiksteinchen auf dem Weg sein. Jetzt aber habe ich den faszinierendsten, aufregendsten und interessantesten Beruf, in dem ich immer wieder erleben darf, wie Menschen zu Jesus Christus finden, ihn als ihren Erlöser und Herrn annehmen und wirklich frei werden. Das ist unendlich viel schöner und reicher.

Das erlebte ich zum Beispiel an einem Sonnabend nachmittags, als mich eine Schwester aus dem Hauskreis anrief und mir in höchster Aufregung berichtete: «Stell dir vor, mein Sohn, der Jörg, hat eine Freundin, Eva. Sie hat vor ihm schon zwei Freunde gehabt. Mit dem ersten war sie lange befreundet, dann hat sie ihm eines Tages gesagt: ‹Du wirst bald sterben.› Niemand nahm diese Aussage ernst, doch bald darauf erlitt der junge Mann einen Motorradunfall und starb an dessen Folgen. Danach ging Eva mit einem anderen jungen Mann. Auch dem sagte sie nach einer Weile: ‹Du wirst bald sterben.› Und was glauben Sie? Nicht lange danach stürzte er sich vom Hochhaus und war tot.»

Nun hatte Eva also Jörg kennengelernt, und auch ihm hatte sie gesagt: «Du wirst bald sterben.» Die Mutter hatte panische Angst, und so rief sie mich an und bat mich um Hilfe.

So etwas hatte ich noch nie erlebt. Ich betete, ging anschließend zu unserem Pastor und fragte ihn: «Was soll ich machen?»

«Vor allem müssen Sie sofort nach Hamburg fahren und dem jungen Mann das Evangelium verkündigen, damit er, falls ihm tatsächlich etwas zustößt, wenigstens gerettet ist», sagte er. «Suchen Sie sich einige Mitbeter, am besten sollte auch ein Mann dabeisein, und dann fahren Sie so schnell wie möglich los!»

Ich versuchte also, die Mitglieder unserer «Telefonkette» zu erreichen – an einem Sonnabendnachmittag mit schönem Wetter ein schwieriges Unterfangen. Niemand war zu Hause, kein Telefonhörer wurde abgenommen. Nachdem ich die ganze Liste vergeblich durchgegangen war, begann ich wieder von vorne. Endlich kam ein Mitbeter an den Apparat. «Ich komme gerade zur Tür herein. Was ist denn los?»

Ich konnte ihm nur erklären: «Wir müssen in einer dringenden Angelegenheit sofort nach Hamburg fahren. Bitte ziehen Sie sich gar nicht erst um, sondern kommen Sie sofort zu mir. Alles Weitere erkläre ich Ihnen dann.»

Er merkte wohl an meiner Stimme, daß es sich um einen ungewöhnlichen Notfall handeln mußte, und machte sich gleich auf den Weg. Eine zweite Beterin holten wir von der Gartenarbeit weg.

Bevor wir losfuhren, alarmierte ich noch unsere «Feuerwehr», unsere Gebetskette aus zwanzig Beterinnen und Betern. Es war mir wichtig, bei diesem Einsatz die ganze Gebetsmannschaft hinter uns zu wissen. Ich gab die Nachricht durch, daß wir in einem wichtigen Auftrag nach Hamburg unterwegs seien. Man solle doch zwischen 17.30 Uhr und 19.30 Uhr – das war die Zeitspanne, in der meiner Berechnung nach das Gespräch stattfinden würde – ganz intensiv für uns beten und uns immer wieder unter den Schutz des Blutes Jesu Christi stellen.

Unterwegs erklärte ich auch meinen Mitbetern, um welchen Auftrag es sich handelte. Während der ganzen Fahrt beteten wir inständig, daß Gottes

Geist uns leiten möchte. Uns war klar, daß wir hier gar nichts ausrichten konnten, daß Jesus aber auch eine solche Situation im Griff hat. So fuhren wir getrost unter seinem Schutz.

Als wir drei zusammen mit Jörgs Eltern in Hamburg ankamen und das Haus erreicht hatten, in dem Jörg wohnte, stockte ich. «Nein, so gehen wir da nicht hinein. Wir müssen erst beten.»

So legten wir, bevor wir das Haus betraten, noch einmal alles Jesus hin und baten ihn, er möge uns beschützen, uns durch seinen Heiligen Geist leiten und uns seine Worte in den Mund legen.

In der Wohnung angekommen, trafen wir nicht nur Jörg und Eva an, sondern auch Jörgs Schwester und ihren Verlobten. Das war uns zuviel. So bat ich alle außer Jörg und uns drei Betern, den Wohnraum zu verlassen, damit wir uns in Ruhe unterhalten könnten.

Wir erklärten Jörg, daß er in großer Gefahr sei durch diese negative Prophetie, die Eva über ihm ausgesprochen hatte. Nur Jesus sei stärker, und er allein könne ihn von diesem Damoklesschwert befreien.

Dann erklärte ich ihm den Heilsweg Gottes. Ich erzählte ihm von der unermeßlichen Liebe und Gnade Gottes, die in Jesus Christus zu uns in die Welt gekommen ist; daß Jesus unsere Sünde auf sich genommen und uns das ewige Leben geschenkt hat.

Anschließend erzählte die Mitbeterin ihre Lebensgeschichte und berichtete von den Veränderungen, die sich in ihrer Familie vollzogen hatten, seit sie selbst, ihr Mann und ihre beiden Töchter ihr

Leben Jesus anvertraut hatten. Daß es seither wieder ein Miteinander in der Familie gebe und Freude und Frieden eingekehrt seien. Der Mitbeter bezeugte, wie er und seine Familie nach manchen Irrwegen Jesus gefunden hatten.

Inzwischen hatte sich leise die Tür geöffnet. Eva war hereingekommen und hatte sich neben Jörgs Sessel gehockt. Sie hatte alles mitangehört. Mir war das recht – so wußte sie gleich, worum es ging.

Nachdem wir Jörg klargemacht hatten, daß hier auf der Erde die Entscheidung fällt, wo wir die Ewigkeit zubringen werden (Johannes 3,36), fragte ich ihn, ob er Jesus Christus als seinen Herrn annehmen und ihm sein Leben anvertrauen wolle.

Er senkte den Kopf und sagte: «Nein.»

Mir blieb vor Schrecken fast die Luft weg. Das hatte ich nicht erwartet. Ich hatte aber die Gewißheit, daß ich weiterbeten sollte. Erneut erklärte ich ihm, daß er unter diesem Fluch stehe und in großer Gefahr schwebe, aus der allein Jesus ihn retten könne. Im Gebet legten wir Jesus den Fluch hin, banden ihn in seinem Namen und baten ihn, die negative Prophetie unwirksam zu machen.

Ich forderte Jörg auf: «Bitte sagen Sie sich jetzt los von diesem Fluch!»

Er kam der Bitte nach: «Ja, ich sage mich von dem Fluch los.»

Mir fiel ein Stein vom Herzen. So durften wir im Namen Jesu den Fluch widerrufen und darauf vertrauen, daß Jesus ihn zerstören würde. Er hing nicht mehr wie ein Damoklesschwert über Jörg. Jesus hatte den jungen Mann frei gemacht.

Dann wandte ich mich an Eva und fragte sie:

«Und Sie, Eva? Wollen Sie weiterhin mit Ihrer Schuld und dieser Belastung leben? Sie wissen ja jetzt, worauf es ankommt. Wollen auch Sie frei werden durch Jesus Christus?»

Aber sie meinte ganz trocken: «Nein. Ich kann das nicht nachvollziehen, was Sie hier machen. Ich sehe das ganz anders und brauche Ihre Hilfe nicht.»

Nun wandte sich Jörg an mich und fragte: «Was soll ich denn jetzt machen?»

Darauf konnte ich ihm nur den harten, aber wohlmeinenden Rat geben: «Trennen Sie sich von diesem Mädchen. Lösen Sie Ihre Beziehung zu Eva auf.» Ich war überzeugt, daß das der einzig richtige Weg für Jörg war.

Er hat sich bald darauf wirklich von Eva getrennt und Jesus als seinen Herrn angenommen. Er ist von dem Fluch befreit und mittlerweile ein glücklicher Familienvater. Ich kann Gott nur von Herzen für die junge Familie danken, wundere mich aber immer wieder, welche Umwege wir Menschen oft machen, bis wir erkennen, daß wir den Herrn brauchen. Doch er ist treu und zuverlässig und verändert und heilt auch heute noch Menschen.

Das durfte auch Lina erleben. Sie war ein schüchternes junges Mädchen, das einfach nicht mit dem Leben zurechtkam. Lina hatte die Grund- und Hauptschule besucht, mußte aber ohne Abschluß abgehen, weil sie unfähig war, zu lernen und sich zu konzentrieren.

Sie machte eine Ausbildung als Altenpflegerin,

liebte die Arbeit und hatte eine gute Beziehung zu den ihr anvertrauten alten Menschen. Doch wieder versagte sie bei der Abschlußprüfung, so daß sie als Hilfskraft weiterarbeiten mußte.

Da sie auf ein Auto angewiesen war, um ihre – oft weiter entfernt wohnenden – Patienten zu besuchen, versuchte sie den Führerschein zu machen. Fünfmal fiel sie bei der Prüfung durch, die sechste Prüfung bestand sie endlich mit Mühe und Not.

Ganz niedergeschlagen kam sie ins Gebet. Wir legten Jesus die Not ihres Lebens hin, die Aussichtslosigkeit, je weiterzukommen.

Während des Gebets hatte ich plötzlich den Eindruck, daß ich sie fragen sollte: «Hat je irgend jemand zu Ihnen gesagt: ‹Das schaffst du nicht – du bist und bleibst ein Versager›? Oder: ‹Aus dir wird nie etwas›?»

Sie sah mich ganz erstaunt an. «Ja, das hat mir mein Vater ständig gesagt, um mich damit unter Druck zu setzen.»

Ich erklärte ihr, daß diese Aussagen wie Flüche seien, die ihr Leben sehr negativ beeinflußten, sie gebunden hielten und sie in jedem Bereich ihres Lebens behinderten.

Sie sah mich fassungslos an. So hatte sie das noch nie gesehen. «Und wie komme ich da raus?»

Ich erklärte ihr, daß Jesus für uns am Fluchholz gestorben ist, um uns von jedem Fluch zu befreien. Wir baten Jesus, die bindende Kraft jenes Fluchs zu zerstören, damit Lina endlich frei würde und ihre Gaben entdecken und entfalten könnte.

Sie ist durch unseren Herrn wirklich frei geworden, hat ihre Ausbildung als Altenpflegerin noch einmal aufgenommen und erfolgreich abgeschlossen. So ist unser Herr! Wir sind unendlich dankbar. Ich kann immer nur staunen, wie sehr Gott uns verändert.

Als ich kürzlich in einer größeren Stadt ein Seminar hielt, rief Herr E. an und bat, wir möchten doch zu ihm kommen und mit ihm beten, er sei schwer krank. Ein Mitbeter und ich fuhren bei der ersten Gelegenheit zu ihm und hörten seine Geschichte.

Herr E. war eine bekannte Persönlichkeit, ein intelligenter und weitgereister Mann. In jungen Jahren hatte er sich als Kämpfer und Rebell einen Namen gemacht. Wenn irgendwo ein Unrecht geschah, stritt und diskutierte er, schrieb Leserbriefe und brachte die Sache an die Öffentlichkeit. Sein ausgeprägter Gerechtigkeitssinn machte ihn zum Hoffnungsträger für viele Benachteiligte.

Nun lag er da wie ein gefällter Baum, schwer vom Krebs gezeichnet. Er litt an Leukämie und erhielt regelmäßig Bluttransfusionen. Dazu hatte er seit vier Monaten eine hochfiebrige Lungenentzündung. Der Körper hatte keine Abwehrkräfte mehr; es war ein Wunder, daß er überhaupt noch lebte.

Er und seine Frau waren verzweifelt. «Warum hört Gott unsere Gebete nicht?» fragte er. Sie beteten täglich zu Gott, von dem sie allerdings nur eine verschwommene Vorstellung hatten. Gewiß, an der Wand hing ein Bild von der Kreuzigung Jesu, aber auf dem Nachttisch stand eine Buddhafigur, und in seiner Bibliothek wimmelte es von esoterischen Büchern. Mit all diesen Dingen hatte er sich auseinandergesetzt, so daß sein Glaube ein ziemliches Durcheinander war.

Wir erzählten ihm von dem einen Gott, dem Schöpfer der Welt und Vater von Jesus Christus.

Nein, mit Jesus Christus könne er nichts anfangen, meinte er, den brauche er nicht. «Ich habe auch so die Verbindung mit Gott.»

Wir setzten ihm auseinander, daß es ohne Jesus Christus keinen Weg zu Gott gibt, und zitierten Johannes 14,6: «Ich bin der Weg und die Wahrheit und das Leben; niemand kommt zum Vater denn durch mich.» Ich zeigte Herrn E. mit Handbewegungen den Unterschied zwischen den Religionen und dem Christentum: Wie die Menschen in allen Religionen sich Gott zu nahen versuchen und doch nicht zu ihm gelangen; und wie das Christentum die umgekehrte Bewegung verkündet – daß Gott auf die Erde zu uns Menschen gekommen ist.

Lange sprachen und beteten wir miteinander, bis er erkannte, daß er ohne Jesus verloren war. Schließlich fragte ich ihn: «Wollen Sie Jesus als Ihren Herrn annehmen?» Und einem plötzlichen Impuls folgend, erkundigte ich mich auch bei seiner Frau, die dabeisaß, ob sie ihr Leben Jesus ausliefern wolle. Die Eheleute sahen einander an und sagten gleichzeitig ja.

Dann beteten wir, daß Jesus die Bindungen an all die okkulten Praktiken, die nach 5. Mose 18,9 von anderen Mächten kommen, zerstören möchte, und beide sagten sich los. Der Buddha vom Nachttisch war inzwischen schon verschwunden, und wir legten ihnen nahe, sich auch von den Büchern zu trennen.

Tränen der Befreiung, der Freude und Dankbarkeit flossen, und wir spürten deutlich das Wirken des Heiligen Geistes.

Dann beteten wir um die vollständige Heilung von Herrn E. Wir hatten die feste Gewißheit, daß wir so beten sollten. Wir baten Jesus, er möge das Knochenmark heilen, die Lungenentzündung abklingen lassen und das Fieber senken. Nachdem wir das Ehepaar gesegnet hatten, verließen wir still das Haus. Die beiden brauchten jetzt Ruhe, um ihre neue Beziehung zu Jesus zu vertiefen und die ersten Schritte in ihrem neuen Leben mit Jesus zu tun.

Das Erstaunliche war: Schon nach zwei Tagen verbrachte der Kranke eine Stunde in seinem Garten! So ist unser Herr. Er hat an Herrn E. wirklich ein Wunder getan.

Streiflichter

Besonders interessant an meinem Beruf ist, daß ich mit immer neuen Menschen zusammengeführt werde, neue Situationen erlebe, mit neuen Lebensproblemen konfrontiert werde. Dabei lerne ich selbst natürlich ständig dazu und erfahre immer Neues von Jesus und seiner Macht. Ich hätte mir nie träumen lassen, wie vielseitig so ein Leben als Beterin ist!

Ich hatte dienstlich in einer größeren Stadt zu tun und betete in meinem Zimmer. Da war es, als sagte mir jemand: «Geh zur nahen Kirche und bete!»

«Was soll ich denn morgens um 11 Uhr in dieser Kirche? Warum soll ich ausgerechnet da beten? Wahrscheinlich ist sie ohnehin verschlossen!»

Doch der Impuls blieb, und so machte ich mich auf den Weg. Ich begriff das immer noch nicht. In der Woche vorher hatte in dieser Kirche ein Gebetsgottesdienst von evangelischen und katholischen Christen, Buddhisten und Muslimen stattgefunden – zu wem hatten die Leute da eigentlich gebetet? Und nun sollte ich dort beten?

Vor der Kirche liegt eine ausgedehnte Grünanlage, an deren Seite zwei Wege links und rechts zum Kirchenportal führen. Am Anfang des einen Weges blieb ich stehen und richtete Herz und Gedanken auf Gott aus. Ich war zutiefst betrübt, weil man hier das Christentum mit anderen Religionen in einen Topf geworfen hatte, statt Jesus als den einzigen Weg zum Vater zu bezeugen. Stellvertretend beugte ich mich unter diese Schuld und bat Gott um Vergebung. Dann ging ich in die Kirche.

Tatsächlich, sie war geöffnet. So betete ich im Vorraum und anschließend im Kirchenschiff. Nach einer langen Zeit der Stille trat ich wieder ins Freie und wollte nach Hause gehen. Als ich an die Stelle des Gartenwegs kam, an der ich zuerst gebetet hatte, war es mir, als seien meine Füße plötzlich festgewachsen. Ich konnte keinen Schritt weitergehen. Warum sollte ich da stehenbleiben? Um noch einmal zu beten? Ich hatte keine Ahnung, aber ich blieb da, und während ich betete, ging eine Frau an mir vorbei und verschwand im Foyer der Kirche.

Die Frau ließ mir keine Ruhe. Nach einer Weile ging ich ihr nach. Sie stand in dem Vorraum, und sie schaute mich an, während ich sie ansah. Wir kannten uns nicht, aber ich spürte, daß ich sie ansprechen mußte, und sagte: «Verzeihung, daß ich Sie anspreche; aber ich glaube, Sie brauchen Hilfe. Darf ich für Sie beten?» Sie blickte mich fassungslos an, dann liefen ihr Tränen übers Gesicht, und sie legte den Kopf an meine Schulter. Ich kannte natürlich den Grund ihrer Verzweiflung nicht, aber ich bat Jesus, sie in seine Liebe einzuhüllen, sie zu trösten und ihr die Sorgen, die sie belasteten, abzunehmen. Ich spürte, wie sie in meinen Armen ruhiger wurde. Schließlich segnete ich sie. Dann zog ich das Päckchen mit Bibelvers-Karten aus der Handtasche, das ich immer bei mir habe.

Ich hielt es ihr verdeckt hin. Immer wieder habe ich die Erfahrung gemacht, daß jeder, der «blind» eine Karte zieht, den Bibelvers bekommt, der gerade paßt.

«Bitte ziehen Sie irgendeine Karte. Gott hat sicher ein ganz bestimmtes Wort für Sie bereit!»

Sie las die Karte und schaute mich wieder fassungslos an. «Das darf nicht wahr sein!»

«Wieso? Was steht denn darauf?»

«Mein Konfirmationsspruch: Der Herr ist mein Hirte, mir wird nichts mangeln.»

Ich war überzeugt, daß das kein Zufall war. Diese Frau hatte es ganz offensichtlich nötig, daran erinnert zu werden, daß Gott, ihr guter Hirte, für sie sorgte. Ich schrieb ihr meine Adresse und meine Telefonnummer auf die Rückseite der Karte, dann machte ich mich wieder auf den Weg. Wie gut, daß ich dem Impuls, zur Kirche zu gehen, nachgegeben hatte. So ist diese Frau getröstet heimgegangen, und unsere Begegnung ist bestimmt ein Mosaikstein auf dem Weg zu Jesus.

Bei uns ist es üblich, daß wir uns nach einem Gruppenabend beim Abschlußgebet alle unter den Schutz des Blutes Jesu stellen. Wir bitten, daß er uns auf dem Heimweg bewahren und jeden einzelnen und jede einzelne mit seinen Engeln umgeben möge, auch unsere Autos. Es steht ja in Psalm 91: «Er hat seinen Engeln befohlen, daß sie dich behüten auf allen deinen Wegen.»

So hielten wir es auch an einem Mittwoch im April nach einem gemeinsamen Kursabend. Am Freitag rief mich eine Teilnehmerin dieses Kurses an und berichtete:

«Helga, wie gut, daß du uns am Mittwoch, bevor

wir auseinandergegangen sind, unter den Schutz des Blutes Jesu gestellt hast. Er hat mich wirklich bewahrt.»

Gespannt fragte ich natürlich, was denn passiert sei, und sie informierte mich:

Da wir uns im Südwesten einer Großstadt getroffen hatten und ihre Wohnung im Nordosten lag, mußte sie quer durch die Stadt fahren, um nach Hause zu kommen. Sie wurde das erste Stück in einem Auto mitgenommen, dann fuhr sie eine Strecke mit der S-Bahn und mußte für das letzte Stück den Bus nehmen.

Als sie den Bus bestieg, wurde sie Zeugin, wie ein etwa vierzigjähriger Mann mit einem Messer einen sechzehnjährigen Jungen angreifen wollte. Unterstützt wurde er von vier jungen Männern, die sich auch noch in dem Bus befanden und sich ebenfalls auf den jungen Burschen stürzten. Der Schaffner schrie: «Raus mit euch! Ihr könnt euren Streit draußen austragen!» Doch unsere kleine Inge ging dazwischen, stellte sich vor den Sechzehnjährigen und rief: «Nein! Der bleibt hier!» Dann fing sie laut an zu beten und gebot den Angreifern im Namen Jesu zu weichen.

Daraufhin stiegen alle fünf Angreifer aus dem Bus, der Vierzigjährige mit dem Messer kam aber noch einmal zurück. Inge betete immer noch und gebot erneut dem Angreifer, im Namen Jesu zu weichen. Da stürzte sich der Mann mit dem Messer auf sie, und das Messer fuhr genau in den Zwischenraum zwischen Körper und Arm. Inge blieb unverletzt. Der Mann verschwand, und der Bus konnte abfahren.

Was für ein Beweis für die bewahrende Gegenwart unseres Gottes! Aber so ist unser Herr: Er steht zu seinem Wort und schützt die Seinen, wie er es verheißen hat. So erleben wir auch heute, wenn wir ihm vertrauen, Wunder über Wunder!

Ähnliches erlebte Ole, ein Mitglied unserer Gruppe. Er wohnt in Neumünster und muß, um zu uns nach Itzehoe zu kommen, durch ein waldreiches Gebiet fahren.

Wie immer baten wir Jesus nach der Gruppenstunde, seine Engel um alle Fahrzeuge zu stellen, seine Hände schützend über jeden einzelnen zu halten und unter dem Schutz seines heiligen Blutes jeden sicher nach Hause zu bringen. Wie immer machte sich Ole auf den Heimweg, als plötzlich ein riesiger Rothirsch aus dem Gebüsch sprang und mitten auf der Straße stehenblieb. Im Bruchteil einer Sekunde mußte Ole entscheiden: rechts oder links an ihm vorbei in den Graben? – doch da sprang der Hirsch schon zurück, und Ole konnte ungehindert seine Fahrt fortsetzen.

Glauben wir, daß Gott seine Engel sendet? In 4. Mose 22 steht die Geschichte von Bileam. Dieser Prophet macht sich mit seinem Esel auf den Weg, um einen Auftrag auszuführen, der gegen Gottes Gebot verstößt. Dreimal stellt Gott ihm einen Engel in den Weg, um ihn am Weiterreiten zu hindern. Der Esel sieht diesen Engel und reagiert, während der Prophet kein Gespür für die Gegenwart des Gottesboten hat. Offenbar sind Tiere da viel sensibler als Menschen.

So, denke ich, ist es wohl auch hier gewesen. Der

Rothirsch hat die Engel um das Auto gesehen, als Ole nach Hause fuhr, und ist zurückgewichen.

Können Sie sich vorstellen, wie erleichtert und dankbar nicht nur Ole, sondern wir alle waren? Es ist für uns immer wieder ein großes Geschenk, Gottes Gegenwart und Eingreifen so real zu erleben. Gottes Möglichkeiten und Vielseitigkeit sind ja wirklich keine Grenzen gesetzt. Ich kann immer nur wieder staunen.

Die Missionarsfamilie verbrachte ihren Heimaturlaub in Deutschland, und die Eheleute genossen mit ihren drei Kindern ein paar Ferientage an der Nordsee. Kurz vor ihrer Abreise hörten sie, daß hier bei uns für Kranke gebetet wird. Diese Gelegenheit wollten sie nicht vorübergehen lassen. Sie kamen zu uns, damit wir gemeinsam Gott um seine Hilfe für Ursula, die Missionarsfrau, bitten konnten.

Ursula war vor etlichen Jahren an der Schilddrüse operiert worden. Mehrere Knoten mußten entfernt werden. Sie waren gutartig; aber es war eine schwere Operation gewesen, von der sie sich lange nicht erholt hatte.

Jetzt waren wieder neue Knoten in der Schilddrüse aufgetaucht, und sie stand vor der Frage: Operation ja oder nein?

Der Arzt hatte ihr gesagt, eine neuerliche Operation würde viel schwieriger und unangenehmer werden als die erste. Nun war Ursula ganz verunsichert. In einigen Monaten wollten sie wieder in ihr Missionsgebiet ausreisen. Sollte sie sich vorher operieren lassen? Würden sie dann überhaupt ausreisen können? Es war für die ganze Familie eine schwierige Entscheidung.

Wir baten Jesus, vor dem ja die Vergangenheit, die Gegenwart und die Zukunft offen daliegen, Klarheit zu schenken und einzugreifen. Ich betete unter Handauflegung für Ursula, und wir vertrauten Jesus, daß er die Knoten auch ohne Operation entfernen und die Schilddrüse heilen könnte.

Einige Monate vergingen, dann bekam ich einen Brief von der Missionarsfamilie. Eine neuerliche Untersuchung hatte ergeben, daß sämtliche Knoten verschwunden waren und die Schilddrüse heil war. Der Arzt konnte nur staunend ein Wunder konstatieren. Die Familie reiste aus und konnte wieder auf einem anderen Kontinent ihren Dienst für Jesus aufnehmen. So ist unser Herr!

«Seit fünfzehn Jahren leide ich unter Migräne», erzählt Herr I. uns im Gebet. «Jeden Morgen wache ich mit diesen starken Schmerzen auf, und wenn ich dann nicht sofort Tabletten nehme, kann ich den Tag überhaupt nicht überstehen. Mein Arzt sagt mir: ‹Kommen Sie mir bloß nicht mit Ihrer Migräne. Da kann ich Ihnen nicht helfen.› Was soll ich nur machen? Ich kann es kaum noch ertragen.»

Er tat mir in tiefster Seele leid. Er sah wirklich blaß und krank aus. Wir machten uns im Gebet eins im Glauben an das Eingreifen Jesu und baten ihn: «Heile doch bitte diese Migräne!»

Getröstet und gestärkt ging Herr I. heim.

Am nächsten Morgen läutete schon um sieben mein Telefon. Herr I. war am Apparat. «Frau Anton, stellen Sie sich vor, meine Migräne ist weg –

na ja, wenigstens zu siebzig Prozent.» Er war außer sich vor Freude.

«Und die letzten dreißig Prozent?»

«Okay, die sind noch da.»

«Dann kommen Sie doch bitte wieder, damit wir Jesus bitten, daß er Sie ganz heil macht.»

Er kam noch einmal, und wir dankten Jesus für das, was er bereits getan hatte, und baten ihn, die Heilung zu vollenden.

Plötzlich aber stand ein Wort vor meinen Augen: «Unversöhnlichkeit». Es ließ mich während des ganzen Gebets nicht los, und so mußte ich Herrn I. fragen: «Sagen Sie, gibt es jemanden, gegen den Sie einen Groll haben? Dem sie nicht vergeben haben?»

«Aber nein!» versicherte er. «Ich lebe mit allen Menschen in Frieden.» Dennoch verfolgte mich das Wort «Unversöhnlichkeit», so daß ich ihn erneut fragen mußte: «Bitte denken Sie nach! Wem haben Sie etwas nicht vergeben? Wem tragen Sie etwas nach? Da muß es irgend etwas geben.»

Da zuckte er plötzlich neben mir zusammen. «Ach so, ja, da ist eine alte Tante, die mich vor zwanzig Jahren um eine Erbschaft betrogen hat. Das habe ich der nie verziehen. Auf die habe ich immer noch einen mächtigen Zorn.»

Ich schaute ihn traurig an und sagte nur: «Und Sie leiden darunter, daß Sie den alten Groll bis heute pflegen. Sie sollten wirklich den Mut haben, Ihrer Tante jetzt vor Jesus zu vergeben, damit Sie endlich frei und heil werden. Ich könnte mir vorstellen, daß da die Wurzel Ihrer Krankheit ist. Denken Sie mal nach – vor zwanzig Jahren ist das passiert, und seit fünfzehn Jahren leiden Sie ständig unter Migräne. Könnte da kein Zusammenhang bestehen?»

Ich wies ihn auf das Wort Jesu hin: «Denn wenn ihr den Menschen ihre Verfehlungen vergebt, so wird euch euer himmlischer Vater auch vergeben» (Matthäus 6,14). Wir beteten und baten Jesus um Kraft und Mut, der Tante zu vergeben, weil Jesus uns auch alle Schuld vergeben hat.

Herr I. schrieb seiner Tante, daß er ihr vergeben habe. Und: die Migräne ist weg. Der Mann kann wieder ohne Tabletten zur Arbeit gehen und hat auch keine Schmerzen mehr. Jesus hat dieses Wunder an ihm getan. Dank sei ihm!

So etwas zu erleben ist wunderbar. Das absolut Faszinierende an meinem Beruf ist: Ich weiß, von mir aus kann ich gar nichts tun. Wie Jesus auch in Johannes 15,5 sagt: «Ohne mich könnt ihr nichts tun.» Aber Kanal sein für Gottes Wirken, in dieser ständigen Verbindung mit ihm leben, ja, das ist schon Gnade! Mitzuerleben, wie er immer wieder Menschen verändert, das ist ein ganz großes Geschenk. Er hat ja auch mich vollkommen verwandelt. Früher war ich schüchtern und voller Minderwertigkeitskomplexe, hatte kein Vertrauen zu mir selbst und war innerlich ganz unsicher und voller Angst. Wenn ich eingeladen war, und man richtete etwa gar noch das Wort an mich, so lief ich rot an und wäre am liebsten rausgelaufen. Aber das hat unser Herr völlig verändert. Er hat mir die Angst und die Minderwertigkeitskomplexe genommen und hat mich sprachfähig gemacht. Heute macht es mir nichts mehr aus, vor einigen hundert Leuten einen Vortrag zu halten oder im Fernsehen zu sprechen. Heute ist es mir eine große Freude, Jesus zu bezeugen und von all dem zu berichten, was er an anderen und mir getan hat.

Herr H. litt schwer an Asthma und hatte deshalb die vorzeitige Pensionierung beantragt. Vor kurzem hatte er auch noch eine Lungenentzündung gehabt, von der er sich kaum erholen konnte. Nun kam er ins Gebet und erhoffte sich von Jesus Heilung von seinen Leiden.

Wie eine Statue saß er da. Seine Gesichtszüge waren starr und wie eingefroren. Während er erzählte, betete ich, Jesus möge doch seinen Panzer aufbrechen.

Er hatte in seiner Kindheit unbeschreiblich gelitten. Seine Eltern wollten ihn nicht, schlugen ihn, und schließlich wurde er zu Pflegeeltern gegeben. Aber auch dort erging es ihm nicht viel besser. Sie adoptierten ihn, so daß er fortan ihren Namen trug, aber gegen diesen Namenswechsel sträubte er sich innerlich. Er fand sich nicht damit ab und konnte deshalb nie seine eigene Identität finden. In seiner Adoptivfamilie wurde er verprügelt, zu schwerer Arbeit herangezogen, und schließlich landete er in einem Heim. Seine Kindheit hatte er als eine einzige Leidenszeit in Erinnerung. Er hatte das Lachen verlernt und keine Freude am Leben.

Ich erzählte ihm, daß er bei Jesus angenommen sei; daß Jesus seinen Namen kenne und ja zu ihm sage. Daß Jesus ihn frei machen wolle, auch denen zu vergeben, die ihm so viel Schweres zugefügt hatten.

«Denen vergeben? Nein, das kann ich nicht.»

Mir stand plötzlich Johannes 5,6 vor Augen, wo Jesus den Kranken fragt: «Willst du gesund werden?»

«*Wollen* Sie gesund werden?» fragte ich also Herrn H. Das war die entscheidende Frage. Er rang mit sich. Es war ein schwerer Kampf, bis er schließlich ein «Ja» herauskeuchte. Die schwere Last, die er so lange auf seinen Schultern mit sich herumgeschleppt hatte, brachte er unter das Kreuz. Unser Herr gab ihm die Kraft, all seinen Peinigern zu vergeben.

Jesus befreite ihn aus dem Gefängnis, in dem er ein Leben lang eingeschlossen gewesen war. Es war, als fiele auf einmal die Starre von ihm ab. Seine Frau sah ihn ganz erstaunt an und sagte: «Ich sehe dich zum erstenmal seit Jahren lächeln!»

Nach dieser inneren Heilung beteten wir auch noch um Heilung von seinem Asthma. Nach der inneren Lösung folgte die Heilung der Bronchien. Er spürte die körperliche Entkrampfung so eindeutig, daß er sofort das Sprühfläschchen wegwarf, mit dem er bis dahin ständig hantiert hatte.

Sogar äußerlich war er ein anderer Mensch, so daß ich es nicht unterlassen konnte, ihn vor einen Spiegel zu führen, damit er selbst den strahlenden Herrn H. sehen konnte. Und am folgenden Tag überraschte er uns mit dem Anruf, er habe seinen Rentenantrag zurückgezogen und seinem Chef gesagt: «Ich bin gesund.»

Es ist so überwältigend, dieses Wirken unseres Herrn mitzuerleben und zu erkennen: Er hat wirklich unbegrenzte Möglichkeiten!

Nicht immer heilt unser Herr allerdings die körperlichen Krankheiten. Manchmal trägt er durch schwere Leidenszeiten hindurch, heilt die inneren Verletzungen und schenkt denen, die noch nicht mit ihm verbunden gewesen sind, sich ihm aber jetzt anvertrauen, das ewige Leben.

Oft werde ich von Kranken gefragt: «Warum muß ich so sehr leiden? Warum gerade ich?»

Ich weiß es nicht; aber ich selbst und andere haben immer wieder die Erfahrung gemacht, daß solche Zeiten oft Prüfungs- und Bewährungszeiten sind, durch die Jesus uns hindurchträgt. In solchen Zeiten wird unser Glaube gefestigt, und auch darin können wir seine Wunder und seine Herrlichkeit erleben. Dazu ein Beispiel:

«Meine Überlebenszeit» nannte Frau H. das, was sie da erlebte, und bezeugte, es sei ein Weg mit vielen Wundern gewesen.

Im Mai 1993 erkrankte sie schwer, und die Diagnose traf sie wie ein Keulenschlag: Neuroblastom im Bereich der Nase und der Nebenhöhlen.

Dieser Krebs gilt – vor allem in diesem Bereich – als unheilbar. Er ist zudem sehr aggressiv, und so lag ihre Lebenserwartung bei etwa drei Monaten. Bei einer Operation, die vier Stunden dauerte, wurden rechts und links aus dem Naseninneren je ein Tumor in Hühnereigröße entfernt. Die ihr nach Auskunft der Ärzte verbleibende Lebenszeit nutzte sie zur Regelung testamentarischer Angelegenheiten und für die Vorbereitung ihrer Beisetzung. Sie ließ sogar schon Trauerbriefe drucken, in denen nur noch die Zeilen mit dem Datum fehlten. Ich war ganz erschüttert, als ich das hörte.

Aber Gott hatte einen anderen Plan mit ihr. Sie blieb am Leben, mußte sich allerdings in den folgenden vier Jahren neun weiteren Operationen und etlichen Strahlenbehandlungen unterziehen. Jesus trug sie durch diese schwere Leidenszeit hindurch, und Frau H. war dankbar für ihr unerklärliches Überleben und die vier Jahre «geschenkte Zeit», die sie phasenweise als durchaus lebenswert empfand.

Im Frühjahr 1997 waren weitere Operationen und Strahlentherapien nicht mehr möglich; der Tumor hatte inzwischen auch den Gaumen und den Zahnwurzelbereich des Oberkiefers angegriffen. Es blieb allenfalls noch der Versuch einer Chemotherapie. In dieser lebensbedrohenden Situation hörte Frau H. eines Tages «zufällig» im Radio ein Interview mit mir und rief mich umgehend an, bevor die Chemotherapie begann. Bei unserer ersten Begegnung war ich zutiefst erschrocken, als ich Frau H. sah. Die Haut war fast weiß, das Gesicht blutleer, ohne Farbe; nur die Augen leuchteten voller Vertrauen.

Ich bot ihr etwas zu essen an, aber sie lehnte dankend ab, konnte sie doch nur noch weiches Toastbrot in ein Getränk tauchen und dann hinunterschlucken, weil ihre Zähne inzwischen so lose im Kiefer saßen, daß sie nicht mehr kauen konnte.

Mich erfaßte eine tiefe Liebe zu der tapferen kleinen Frau. Wir richteten uns auf den Herrn aus und baten Jesus um seine Gegenwart, sein Erbarmen und sein Eingreifen.

Noch während unseres Gebets geschah etwas Sonderbares: Frau H. bekam plötzlich starkes Nasenbluten. Es war, als wolle sich der Tumor dem Geschehen widersetzen, als versuche das Blastom, uns am Beten zu hindern. Doch wir baten Jesus um Hilfe und waren eins im Glauben und in der Gewißheit, daß Jesus eingreifen würde. Nach diesem Gebet geschahen Dinge, die den Erfahrungen der Mediziner widersprachen und die Ärzte in Erstaunen versetzten; Dinge, die man wirklich nur als Wunder bezeichnen kann.

Von diesem Zeitpunkt an begleitete ich Frau H. durch sehr intensives, ständiges Gebet, und wir erlebten das Eingreifen Jesu. Er wirkte vieles, was Menschen unmöglich erschien. Die Zähne im Oberkiefer waren, wie gesagt, so gelockert, daß sie nicht mehr funktionsfähig waren. Bereits Ende 1996 hatten Zahnärzte und Strahlentherapeuten übereinstimmend festgestellt, die lockeren Zähne könnten nicht wieder fest werden und seien deshalb nicht erhaltenswert. Nun aber erlebten wir das Wunder, daß sie sich im Lauf der Zeit wieder zur vollen Funktionsfähigkeit festigten, so daß Frau H. heute sogar wieder Schwarzbrot essen kann.

Im vergangenen Jahr wurden noch vier verschiedene Chemotherapien durchgeführt, immer von Gebet begleitet und mitgetragen. Nach den Therapien gab es jedesmal Phasen, in denen der Allgemeinzustand der Patientin kurzfristige Spitalaufenthalte nötig machte, aber sie erholte sich jedesmal schnell. Auf ausdrücklichen Wunsch von Frau H. wurde auf weitere besondere Maßnahmen, z.B. Bluttransfusionen, verzichtet. Sie vertraute auf Gott, und die Kraft des Gebets war zu spüren. Nur mit der Hilfe Jesu konnte der Körper sich wieder so schnell und in einem so erstaunlichen Ausmaß erholen. Das war die Voraussetzung für weitere Behandlungen mit dem Ziel der Erhaltung ihres Lebens.

So sank z. B. nach jeder Chemotherapie die Zahl der Leukozythen erschreckend. Da half nur Gebet. Dankbar erlebten wir, wie schnell sich danach die Blutwerte wieder stabilisierten. So etwas hatten die Ärzte vorher für unmöglich gehalten, zumindest ohne medizinische Maßnahmen.

Überglücklich hat mir Frau H. vom Ergebnis der letzten Untersuchung beim Hals-Nasen-Ohren-Arzt berichtet: Die Nasennebenhöhlen waren frei, und es waren keine Tumorreste mehr gefunden worden.

Fünf Jahre Überlebenszeit sind ihr nun schon geschenkt worden. Sie hat die feste Zuversicht, daß Gott, der Herr über Leben und Tod, in seiner gütigen Allmacht noch weitere Wunder an ihr wirken wird auf dem Weg der Heilung, die nach medizinischen Kriterien eigentlich gar nicht möglich gewesen ist. Immer wieder staune ich über den Lebenswillen und das tiefe Gottvertrauen dieser tapferen Frau.

Sie nimmt nichts mehr als selbstverständlich hin. Alles ist Gnade. Jeden Tag, an dem sie die Kraft hat, einen Spaziergang zu machen, in der Sonne zu sitzen und sich am Gesang der Vögel und an den Farben und am Duft der Blumen zu freuen, betrachtet sie als Geschenk Gottes. Ihr Leben ist ein Leben aus Gottes Hand.

Wunder werden in unserer Zeit sehr kontrovers diskutiert; aber sie geschehen. Unser Herr lebt und ist auch heute so gegenwärtig und spürbar wie vor zweitausend Jahren. Diese Gewißheit schenkt Lebensmut, auch und gerade Leuten, die durch eine schlimme ärztliche Diagnose in Verzweiflung und Hoffnungslosigkeit gestürzt worden sind.

So niedergeschlagen fand ich Frau U. vor, als ich sie besuchte. Wenige Wochen vor Weihnachten sollte ihre Silberhochzeit gefeiert werden; sie und ihr Mann hatten ein schönes Fest geplant und dazu viele Angehörige und Freunde eingeladen.

Doch Frau U. fühlte sich schon seit längerem schwach und hatte Schmerzen. So ging sie vierzehn Tage vor der Silbernen Hochzeit zum Arzt, und der konfrontierte sie mit der niederschmetternden Diagnose: Krebs. Krebs in einem so fortgeschrittenen Stadium, daß der Arzt ihr jede Hoffnung nahm, das Weihnachtsfest noch zu erleben.

Da brach natürlich eine Welt zusammen. Frau U. konnte nichts mehr denken und unternehmen. Sie saß nur noch da und weinte verzweifelt.

Drei Wochen nach diesem schrecklichen Arztbesuch erfuhr ich durch eine Nichte von Frau U. von der Sache. Sie erzählte mir, ihre Tante habe sogar mit Selbstmord gedroht. So bat ich sofort um die Erlaubnis, Frau U. zu besuchen, und fuhr gleich am nächsten Morgen mit einem Mitbeter zu ihr.

Wir fanden sie völlig verstört vor. Sie saß ganz in sich gekehrt da, die Ellenbogen auf die Oberschenkel gestützt und das Gesicht in den Händen vergraben. In dieser Haltung verharrte sie, seit sie von ihrer tückischen Krankheit erfahren hatte, berichtete uns ihre Schwester, die bei ihr war und sich um sie kümmerte.

Ich war froh, daß ich beide Frauen gemeinsam antraf; so konnte ich ihnen die rettende Botschaft bringen und ihnen das Heil durch Jesus Christus anbieten. Wir beteten für sie, aber Frau U. war so in ihrer Verzweiflung gefangen, daß meine Worte sie gar nicht erreichten.

Da kam mir plötzlich ein Gedanke. Ich hatte ein kleines Holzkreuz aus Olivenholz – es stammte aus Israel – mitgebracht. Das legte ich ihr, als sie einmal kurz den Kopf hob, in die Hände und sagte: «Schauen Sie, an einem solchen Kreuz hat Jesus gelitten. Da ist er gestorben und hat all unsere Sünde und Schuld, all unsere Krankheiten und unsere Schmerzen mit in den Tod genommen. Aber er hat den Tod überwunden, er ist auferstanden und lebt. So hat er allen, die an ihn glauben, ewiges Leben erworben.»

Sie klammerte sich an dieses Kreuz und ließ es nicht mehr los, so daß ich es ihr schenkte, damit sie ein sichtbares Zeichen der grenzenlosen Liebe Jesu hatte. Beide Frauen erkannten, daß es in dieser aussichtslosen Situation nur einen gab, der helfen konnte: Jesus Christus.

Beide Frauen legten ihr Leben in die Hände Jesu und nahmen Jesus als Herrn an. Frau U. entspannte sich sichtlich, ja, sie lehnte sich zurück und machte einen ganz gelösten Eindruck.

Wir sprachen den beiden Frauen im Namen Jesu zu, daß sie jetzt Gottes Kinder seien und daß Gottes Geist in ihnen wohne, der sie schütze und leite. Und wir stellten sie unter den Frieden und Segen des Herrn, unseres Gottes.

Für Frau U. begann dann eine qualvolle Zeit der Chemotherapie. Sie vertrug die Behandlung nicht. Ihr Körper wehrte sich so heftig gegen das Gift, daß die Therapie abgebrochen werden mußte. Da half nur noch Beten. Wir flehten Jesus immer wieder an, sie zu stärken, ja, sie zu heilen.

Nach der letzten Untersuchung kam sie zu uns und berichtete, daß der Krebs auf zehn Prozent seines Anfangsstadiums zurückgegangen sei. Es war unfaßbar!

Sie vertraute auf den Herrn und umklammerte das kleine Holzkreuz, wie sie sich an Jesus festklammerte. Sieben Monate hat er ihr nun schon neu geschenkt, sieben lebenswerte Monate, und Frau U. weiß ihre Zeit in Gottes Händen.

Das erlebte auch Eva-Maria, eine temperamentvolle junge Frau. Sie ist sehr initiativ, während ihr Mann eher introvertiert ist. Aufgrund der Verschiedenheit der beiden Partner kommt es in ihrer Ehe immer wieder zu Spannungen. Eva-Maria leidet sehr unter Migräne und ist deshalb immer wieder ins Gebet gekommen, aber sehr viel besser ist es noch nicht geworden.

Neulich kam sie ganz verzweifelt zu mir. «Ich halte diese Ehe nicht mehr aus. Ich bin drauf und dran, meine Koffer zu packen. Sie machen sich keine Vorstellung, wie mich mein Mann behandelt. Wenn ich mit ihm reden will, hört er nicht zu. Wenn er abends nach Hause kommt, setzt er sich vor den Fernseher, und ich kann sagen, was ich will, er ist einfach abwesend. Letztens sitzen wir im Auto, und ich überlege mir, wir könnten am nächsten Wochenende doch mal an die See fahren, da sagt er plötzlich: ‹Am nächsten Wochenende bin ich übrigens nicht da. Ich habe ein Seminar.› Mir blieb die Luft weg. Das durfte nicht wahr sein! Dabei hatte ich mich so auf die Aussicht gefreut, mit ihm und den beiden Jungen an die See zu fahren. Da hab' ich zu ihm gesagt: ‹Wenn du am nächsten Wochenende weg bist, dann habe ich am übernächsten auch was vor!›»

Ich meinte nur: «Meinen Sie wirklich, mit solchen Reaktionen könnten Sie die Beziehung zu Ihrem Mann verbessern und so Ihre Ehe retten? Nein, Sie werden immer weiter auseinandertreiben, wenn Sie nicht Ihren Egoismus und Ihre Selbstgerechtigkeit ablegen.»

Sie erkannte ihre Fehler – viele Fehler. Ich konnte ihr anhand der Bibel (z.B. Epheser 5,21ff) und aus meiner Erfahrung raten und praktische Tips geben. Im vorausgegangenen Jahr hatte ich anläßlich einer Trauung einen Satz gehört, der mich tief beeindruckt hatte und den ich ihr jetzt weitersagte: «Ehe heißt: gemeinsam leben in versöhnter Unterschiedlichkeit.»

Dieser Satz öffnete ihr die Augen. Sie erkannte ihre Lieblosigkeit, ihren eigenen Anteil an den Spannungen in ihrer Ehe, ihre Schuld. Gemeinsam breiteten wir alles vor Gott aus, ihren Egoismus, ihren Stolz, ihre Lieblosigkeit und ihre Selbstgerechtigkeit. Während dieses Gebets stand mir plötzlich vor Augen, daß ich sie fragen mußte: «Sagen Sie, gibt es irgend etwas, was Ihr Mann besonders gern ißt? Etwas, womit Sie ihm eine große Freude machen könnten?»

«Oh, ja», nickte sie. «Er nascht besonders gern Trüffel.»

«Dann gehen Sie auf dem Heimweg in ein gutes Geschäft und kaufen Sie eine schöne Packung Trüffel. Die bringen Sie ihm mit. Und wenn Sie ihn dann noch bitten, Ihnen Ihren Stolz, Ihre Verbitterung und Lieblosigkeit zu vergeben – ich denke, dann können Sie ganz neu miteinander anfangen.»

Wir mußten beide über die Idee mit den Trüffeln lachen und fanden: Gott hat Humor. Eva-Maria war gespannt, wie ihr Mann reagieren würde.

«Übrigens sind wir heute abend eingeladen», erzählte sie noch, «und ich habe die ganze Zeit überlegt, was ich bloß für ein Gesicht machen soll.»

Jetzt wußte sie es. Strahlend verließ sie mich und freute sich auf die Begegnung mit ihrem Mann.

Vier Tage später rief Eva-Maria mich an. Die Veränderungen, die Gott bewirkt hatte, waren verblüffend. Eva-Maria und ihr Mann haben einander neu angenommen, und ihre Ehe ist jetzt von einem liebevollen Miteinander geprägt. Ihr Mann bringt ihr Blumen mit, wie in alten Zeiten, und einmal fand sie sogar ein Marzipanherz auf ihrem Kopfkissen vor. Ja, es ist wirklich ein Wunder, wie Gott hier eingegriffen und geheilt hat, was zerbrochen war.

Gott tut auch heute noch Wunder, spektakuläre und unscheinbare, öffentliche und verborgene. Er wirkt vielfältig im Leben der Menschen und kümmert sich um all ihre Lebensbereiche. Er nimmt

Anteil an unseren Ängsten und Sorgen, Schmerzen und Leiden und ist auch bei unseren Freuden dabei.

Daß viele Leserinnen und Leser den Weg zum Glauben an Gott finden und Jesus Christus als ihren Herrn und Heiland erkennen und annehmen – das ist das große Anliegen dieses Buches. Und dieser Glaube führt zu der Gewißheit, daß Gott lebt und auch heute Wunder über Wunder tut.

Nachwort

«Beten wirkt Wunder» bezeugt die Verfasserin, Helga Anton. «*Gott* wirkt Wunder» müßte es ja eigentlich heißen. Denn nicht das Gebet selbst hat irgendeine wunderwirkende Kraft, sondern «die Kraft und die Macht und die Herrlichkeit», die wir unter anderem im Unservater preisen, hat allein der Gott, zu dem wir beten. Deshalb wird die Verfasserin auch nicht müde, immer wieder zu betonen, daß es in all ihren Berichten letztlich um die Verherrlichung Gottes geht, der Wunder tun kann und tut – auch heute.

«Beten wirkt Wunder» ist kein Rezeptbuch und kein theologisches Lehrbuch. Helga Anton zeichnet die Spuren Gottes in ihrem eigenen Leben und im Leben vieler anderer Menschen nach. «So hat Gott gewirkt», berichtet sie und weiß dabei, daß Gott der souveräne Herr ist, der auch ganz anders handeln kann. Ihre eigene Krebskrankheit und Blindheit sind der schlagende Beweis dafür, daß Gott zuweilen andere Absichten und Pläne hat, als wir sie uns wünschen und erhoffen. «So ist es geschehen» heißt also nicht: «Genau so wird Gott immer und unter allen Umständen handeln.» Und wenn eine Krankheit bei Herrn X eine bestimmte Ursache gehabt hat, kann sie bei Frau Y durch völlig andere Faktoren ausgelöst sein.

Also noch einmal: Kein Rezept- oder Lehrbuch will «Beten wirkt Wunder» sein, sondern ein «Lob- und Dank-Buch». Und es will uns allen Mut machen, uns mit unseren Anliegen an den Herrn zu wenden, dem «alle Gewalt gegeben ist im Himmel und auf der Erde».

Lassen wir uns von Helga Antons Erfahrungen ermutigen, viel mehr und viel erwartungsvoller zu beten! Gott vorbehaltlos zu vertrauen macht das Leben reich und lebenswert. Und weil jeder Weg mit dem ersten Schritt beginnt, sei auch noch einmal der erste Schritt auf dem Weg mit Gott erwähnt: die Antwort auf seine bedingungslose Liebe, das Ja zu seinem Angebot der ewigen Gemeinschaft. «Lebensübergabegebet» nennt Helga Anton diese Antwort. Und jede Leserin, jeder Leser ist eingeladen, dieses Gebet zum eigenen zu machen:

Jesus Christus,

ich habe erkannt und glaube,
daß du der Sohn Gottes bist,
unser Retter.

Ich vertraue mich dir jetzt ganz an
und bitte dich, in mein Leben zu kommen.
Bitte übernimm du die Leitung in meinem Leben
als mein Herr.

Ich will dir vertrauen, folgen und gehorchen.
Ich sage uneingeschränkt *ja* zu dir,
denn du bist gut.

Danke, lieber Vater, daß du mich jetzt
als dein Kind annimmst.

Verändere mich so, wie du mich haben möchtest.
Erfülle mich bitte jetzt
mit der Kraft deines Heiligen Geistes,
und gebrauche mich in deiner Gemeinde.

Danke, daß du mein Gebet gehört hast.

Amen!

Von derselben Autorin weiterhin lieferbar:

Helga Anton
Unter Gottes Augen leben
Taschenbuch, 152 Seiten
Best.-Nr. 113.658

Nach einer erfüllten Kinderzeit macht die Musikerin Helga Anton schreckliche Erfahrungen: Als Geigerin wird sie im Zweiten Weltkrieg an die Ostfront geschickt, an der sie nicht nur dem Tod in die Augen sieht, sondern auch noch ihren Mann verliert. Ihr Zusammenbruch ist die zwingende Folge.

Doch dann kommt es im Leben der schwer geprüften Helga Anton zur Wende und damit zu einem neuen Lebensauftrag: Sie empfängt eine Berufung als hauptberufliche Beterin. Und was sie dabei erlebt, ist spannender als jeder Krimi. Die unsichtbare Welt wird für die beinahe blinde Helga Anton zum Aktionsfeld, auf dem das Wesentliche geschieht.

Brunnen Verlag · Basel und Gießen

Von derselben Autorin weiterhin lieferbar:

Helga Anton
Beten ist Freude
Taschenbuch, 160 Seiten
Best.-Nr. 113.686

Für viele Christen ist das tägliche und insbesondere das gemeinsame Gebet mehr Last als Lust. Dass das nicht so bleiben muss, zeigt Helga Anton überzeugend. Sie beschreibt ganz grundsätzlich, was Gebet ist, wozu es dient und was es hindern kann. Sie motiviert zur Fürbitte und geht auch auf Themen wie geistliche Waffenrüstung, Gebet für die Gemeinde und Gebet für Kranke ein. Das alles untermauert sie mit Beispielen aus ihrer Praxis als hauptberufliche Beterin. Ein wunderbares «Gebetsseminar», das uns zeigt: Beten kann und soll zur Freude werden! Denn Gott meint es gut mit uns.

Brunnen Verlag · Basel und Gießen

Von derselben Autorin weiterhin lieferbar:

Helga Anton
Lass das Sorgen: Bete!
Taschenbuch, 160 Seiten
Best.-Nr. 113.725

Unzähligen Menschen konnte Helga Anton durch ihren Gebetsdienst schon zum Segen werden. Noch viel mehr Menschen aber wurden durch ihre Bücher angesprochen. Und auf ihren Vortragsreisen und Seminaren zieht die fast erblindete Beterin aus Norddeutschland ihre Zuhörerschaft ganz hinein in die Begeisterung für den Gott der Bibel, der auch heute noch Gebet erhört und Wunder tut.

Unermüdlich ermutigt Helga Anton ihre Leserinnen und Leser, sich mit den kleinen und auch großen Sorgen und Nöten an den Vater im Himmel zu wenden, der alle Menschen zu sich ziehen möchte. Nichts ist ihm zu groß, und auch nichts zu klein. Das behauptet Helga Anton keineswegs leichtfertig. Sie kann mit vielen Erzählungen aus ihrem eigenen Erleben belegen, dass die Kraft von Jesus Christus stärker ist als Flüche, schwere Krankheiten und Prägungen aus der Kindheit.

Brunnen Verlag · Basel und Gießen

Von derselben Autorin weiterhin lieferbar:

Helga Anton
Nicht verzweifeln – beten!
Taschenbuch, 160 Seiten
Best.-Nr. 113.752

Verzweiflung – wer kennt sie nicht? Ob es nun Eheprobleme, Krankheiten, Geldnöte oder Schicksalsschläge sind, die niederdrücken: Jeder ist schon einmal in einer Situation gewesen, in der einem das Aufgeben näher war als die Hoffnung auf bessere Zeiten. Helga Anton macht Mut, genau in diesen Situationen eben nicht zu verzweifeln – sondern zu beten. Es lohnt sich! Wieder zeigt sie das an verschiedenen Beispielen aus ihrer «Beter-Praxis». Übrigens ist auch sie selbst durch viele Tiefen und Untiefen gegangen, die ihr allen Grund zur Verzweiflung gegeben hätten. Doch auch große Widerstände, eine schwere Krankheit und die Beinahe-Begegnung mit dem Sterben konnten sie nicht davon abhalten, ihr Vertrauen und ihre Hoffnung ganz auf Gott, ihren Erlöser, zu setzen.

Brunnen Verlag · Basel und Gießen

Von derselben Autorin weiterhin lieferbar:

Helga Anton
**Die Macht
des Namens Jesu**
Taschenbuch, 160 Seiten
Best.-Nr. 113.841

Die ersten fünf Bücher von Helga Anton wurden schon über 115 000 Mal verkauft und fanden in weiten Kreisen großen Anklang. Dass die fast gänzlich erblindete Beterin einem großartigen, allmächtigen Gott alles in die Hände legt und ihr Vertrauen ganz auf ihn setzt, bildet für viele Leserinnen und Leser Trost, Ermutigung und Ansporn. Hier ist ihr sechstes Buch in bewährter Konzeption!

Helga Anton schreibt: «Vollmacht im Namen Jesu: Was ist das für eine Gnade, die Jesus uns kleinen Menschen gewährt hat! Ohne ihn können wir nichts, aber auch wirklich gar nichts tun. Deshalb berufe ich mich in allem Reden und Handeln nur auf die Schrift, das Wort Gottes. Denn sein Wort ist absolute Wahrheit.»

Brunnen Verlag · Basel und Gießen